Tamerlano

Enrico Bernard

TAMERLANO

novellizzazione
della sceneggiatura di
Halik Hamraev
internacional cinema company

BeaT

BeaT entertainmentart
Speicherstrasse 61
9043 Trogen Switzerland
entertainmentart@gmx.net
Isbn 9783038412335

L'invincibile "Zoppo di Ferro"[1]

di Francesco Gabrieli

*T*amerlano (Timur lo Zoppo, ed etimologicamente "Lo Zoppo di ferro", come suona il suo autentico nome) fu un emiro di stirpe turca, ma imparentato e in qualche modo erede e successore dei conquistatori mongoli che, calando nel primo Duecento con Gengis Khan dall'Asia centrale in quella anteriore, devastarono e terrorizzarono il mondo musulmano. Fattisi poi musulmani essi stessi, fondarono in Persia ed Iraq dinastie di sultani, mentre ad oriente, col gran Qubilai, estesero il loro impero sulla Cina.

Su questi precedenti si intesse l'avventura dello Zoppo, che abbraccia tutta la seconda metà del Trecento: dalla nativa Transoxiana (quello che oggi è l'Uzbekistan sovietico), l'onda procellosa di questo turco-mongolo conquistatore dilagò per l'Asia a oriente verso la Cina, a occidente verso il Mediterraneo.

Ciò che di essa più colpì i contemporanei e i posteri fu la sua rapida violenza, e le immani stragi che l'accompagnarono: da Samarcanda a Damasco, la conquista di Timur, come e più di ogni altra, si fondò su fiumi di

---

sangue e, letteralmente, su torri o piramidi di teste umane troncate.

Tale fu la sua violenza, da arrestare per un momento il corso d'un'altra più durevole avventura di conquista, quella dei turchi Ottomani, quando nel 1402 la battaglia di Ankara di fronte Timur e il sultano ottomano Bayazid, "la folgore", che, vinto e preso, finì di lì a poco i suoi giorni in una gabbia di ferro.

L'avventura ottomana riprese un po' più tardi, quando l'impero del vincitore Tameralno si allargò coi suoi successori più ad oriente, in Persia e Transoxiana dove Timur era nato, e dove riposano tuttora in Samarcanda i suoi resti, nel mausoleo risplendente di auree piastrelle. Questa parte dell'impero da lui fondata si mantenne poi per un secolo sotto i suoi discendenti, i Timuridi, traboccando con uno di essi, Babur, a fondare l'impero Moghul d'India.

Per tornare ora allo Zoppo di ferro, scomparso nel 1405 mentre preparava una spedizione contro la Cina, egli fu certo un *flagellum Dei* nelle sue sterminatrici conquiste; ma allo spirito di cruenta violenza si unì in quel barbaro un singolare amore e desiderio dell'arte. Ovunque arrivava il suo dominio, era sua cura raccogliere e avviare (noi diremmo deportare) verso la sua patria d'origine architetti, decoratori, miniatori, ad abbellirla e dotarla di tesori più durevoli dei massacri che la conquista costava: ne son testimoni i monumenti e i cimeli dell'età timuride, uno dei più gloriosi capitoli della storia dell'arte islamica. E in cospetto di Timur, il cui barbaro fasto ci è destritto nella relazione dell'ambasciatore castigliano Clavigo, comparvero per un momento alcuni dei più alti rappresentanti della poesia e del pensiero musulmano medievale.

Il sommo lirico persiano Hafiz fu rimproverato dallo Zoppo, in quel memorando incontro, per aver detto in un suo famoso verso che per il neo dell'amato egli avrebbe ben dato Samarcanda e Bukhara ("Come hai osato dar via a tal vil prezzo queste gemme della mia corona?"). E nell'assedio di Damasco, ai primi del Quattrocento, Tamerlano si trovò di fronte come ambasciatore, per trattare la resa, il pensatore maghrebino Ibn Khaldùn, che fu l'ultimo bagliore della civiltà e storiografia musulmana classica prima che questa si addormentasse nel letargo del suo mancato Rinascimento.

Si trovarono allora di fronte il selvaggio Conquistatore e il grande teorico della storia islamica, scrutata nelle sue forze motrici e nella dinamica della sua evoluzione; ma quasi certo non di questo si trattò allora fra i due, bensì dei pratici patteggiamenti e compromessi della resa. Poi l'uno fece ritorno al suo impero di Transoxiana e l'altro all'ultima sua residenza d'Egitto.

Questa libresca anticipazione del "colossal", con la sua colorita sceneggiatura, ha fatto riesumare in appendice, quasi a storico complemento, le pagine che dedicò a Tamerlano, nella sua *Storia universale* il Cantù. A noi è piaciuto soprattutto il finale della pittoresca rapsodia; una quartina di Omar Khayyàm, sulla condizione umana, che lo Zoppo certo conobbe, e che in una più precisa versione dell'originale persiano suona così: "In senso proprio, non in via di metafora, noi siamo come le pedice del gioco, e il Destino è il giocatore. Giochiamo solo una partita sulla scacchiera dell'Essere, e torniamo uno ad uno nella cassetta del Nulla".

Così, in un bel film sul Re Sole giovane vedemmo il sovrano potentissimo ripiegarsi a sera sulla constatazione dell'effimera vita; e così poté essere anche per lo Zoppo di ferro e la sua sanguigna meteora.

Parte Prima

1336: un campo di pastori tartari nella steppa al confine col deserto del Gobi. È l'alba. Ai piedi di un'alta montagna batte il primo sole del mattino. Il fumo dei fuochi ormai quasi spenti s'innalza lentamente verso le vette innevate che si tingono di un rosa pallido. Tutto sembra calmo: anche le greggi pascolano tranquille, sebbene intirizzite dal freddo.

All'improvviso, la scena viene animata dal passaggio di un gruppo di cavalieri al galoppo. Una donna incinta, svegliata di soprassalto ha un sussulto di terrore. Si odono grida furibonde. Tre guerrieri trattengono a stento un uomo che si divincola in preda alla disperazione. Altri due si avvicinano minacciosamente alla gestante, agitando delle spade corte. Dalle grotte sul versante delle montagne giungono grida di dolore e di orrore che richiamano l'attenzione dei soldati. Le donne fuggono a nascondersi tra le capre e le pecore. Ma vengono raggiunte, prese per i capelli e sventrate con le spade acuminate. Con accanimento viene così srotolato, corpo su corpo, un grande tappeto di morte: alcune poverette pregano, altre si difendono come belve impazzite alla vista delle lame dei coltelli che brillano al sole ormai alto in cielo. Gli uomini armati, compiuto il primo massacro, cominciano a setacciare le case. Gemiti, urla di bambini.

Ad una giovane, nonostante porti in sé il peso di una vita in procinto di nascere, riesce tuttavia la fuga: montata senza dare nell'occhio in sella ad un cavallo, ora lo frusta senza pietà. Galoppa verso il deserto, voltandosi in continuazione. E così dalla steppa si passa lentamente al deserto di sabbia. È mezzogiorno. Allo stremo delle forze, il cavallo si inerpica a fatica su di un'alta duna. Abbandonato il cavallo caduto pesantemente al suolo tra sbuffi di bava e sudore biancastro, la donna si allontana barcollante a piedi nella sabbia, ad ogni passo sembra affondare sempre più in quell'immenso mare privo di contorni, fino ad abbattersi sfiancata come una bestia da soma. Trascorrono interminabili ore. Finché una carovana di mercanti passa vicino ad un pozzo secco ed abbandonato.

"Allah misericordioso!" grida qualcuno accorgendosi della donna che giace priva di sensi. La sollevano, le danno dell'acqua, cercando di bagnarle bene le labbra screpolate e sanguinanti prima di farla avidamente bere. Anzi, la costringono a brevi sorsi intervallati da profondi respiri ch'essa emette a fatica.

"I soldati! I soldati!" avverte una voce mentre appaiono in lontananza i guerrieri a cavallo sulle tracce della fuggiasca.

Allora gli uomini della carovana, senza pensarci su, calano velocemente la donna all'interno del pozzo che poi nascondono alla vista con dei rami secchi; e riprendono il cammino. I soldati passano al galoppo accanto al pozzo abbandonato, senza notarlo. Raggiungono la carovana e ne controllano accuratamente il carico.

Intanto la donna giace all'interno del pozzo, con la schiena poggiata alle ruvide pareti sabbiose. I suoi occhi, quasi accecati dalla luce intensa del deserto, sono ora persi nel buio. Lentamente però ella si abitua all'oscurità, ed è così che, sul far della sera, tra i rami e i rovi secchi posti a copertura del nascondiglio e che si schiudono verso il cielo in cui comincia ad aleggiare il soffuso riverbero del tramonto, compaiono come spettri anneriti dal tempo le dune del Gobi. Calate quindi le tenebre, quando ormai i soldati sono lontani, la carovana torna indietro. Qualcuno corre al pozzo, allontana i rami, guarda all'interno ed esclama esterrefatto: "Allah è grande!"

La giovane donna è seduta, immersa fino alla gola nell'acqua della sorgente che ha ripreso inspiegabilmente a sgorgare. Il riverbero della notte di luna la colpisce in pieno viso e lei chiude gli occhi sorridendo imbarazzata: nell'acqua trasparente si muove il neonato, tocca la madre con le piccole mani, gira su se stesso, smuovendo la superficie coi piedini.

"Sia fatta la volontà del Signore" esclamano allora gli uomini dal viso di pietra ma dal cuore pronto a commuoversi di fronte al miracolo della vita che, nonostante tutte le avversità e le ingiustizie del mondo, riesce caparbiamente a venire alla luce.

"Sia fatto il volere di Allah!" mormora devotamente Taragai, il padre del neonato scampato al massacro, recatosi a piantare un piccolo albero vicino al pozzo miracoloso in segno di ringraziamento. Poco distante, seduta sul cavallo, la giovane madre allatta il bambino che succhia avidamente dal petto pieno e olivastro.

Lasciata la donna al campo, Taragai galoppa verso le montagne, stringendo al petto il neonato avvolto in una pelliccia; un forte vento piega sin quasi a terra le cime degli alberi e fa ondeggiare violentemente l'erba alta della steppa. All'ingresso della caverna un vecchio, vestito di bianco, si fa incontro a Taragai, apre il Corano e indica con un dito un punto del libro sacro. Taragai si china e legge lentamente portandosi la mano al petto in segno di gratitudine e devozione; mentre il vecchio salmodiando le sue preghiere sputa tre volte, secondo il rituale, nella bocca aperta del bambino che ora ha ben ragione di piangere.

"Non per lo spavento, ma per fame", sentenzia il santone accompagnando con lo sguardo fiero Taragai che, al galoppo, si dirige nuovamente al campo per riconsegnare alla madre il piccolo che subito si tuffa nel petto già colmo di latte. La manina destra chiusa forma un pugno che il bambino, nella foga dell'allattamento, agita furiosamente. Taragai cerca di schiudere delicatamente le tenere ditine, ma non ci riesce. Allora accosta la lama fredda di un coltello al pugnetto serrato che, a quel gelido contatto, si apre come sfiorato da un alito irresistibile. Sul palmo aperto, Taragai nota una profonda ferita che il bambino, nell'avidità di succhiare il latte materno, si è procurato con le sue stesse unghiette. "Allora si chiamerà Timur, - che in tartaro significa uomo di ferro – così vuole il Signore", pensa il fiero Taragai.

Dove stanno correndo i cavalieri? Sollevando nugoli di polvere attraversano al galoppo la steppa, mentre gli anziani e le anziane guadano le acque profonde del fiume Amur sui loro cavalli pezzati e i bambini, accompagnati dai genitori, avanzano su traballanti carri dalle alte ruote. Da buoni pastori quali sono, si portano dietro il proprio bestiame: pecore, cavalli, buoi, capre, galline. E pregano là, dove li sorprende l'ora della preghiera: s'inginocchiano stendendosi quasi per terra verso la Mecca.

Sui prati s'ergono rapidamente centinaia di tende e, su una fitta ragnatela di tovaglie bianche stese in terra, vengono disposte le delicate libagioni della festa: pizze di pane sottili e rotonde – il pane di queste genti nomadi – dolci, frutta secca. Risuona la musica accompagnando l'arrivo degli ospiti. Con dei lunghi coltelli affilatissimi si taglia la gola del montone appeso per le gambe: il suo sangue scuro viene raccolto in piccole tazze di rame per essere poi offerto come bevanda a uomini, donne, vecchi, bambini. La musica aumenta d'intensità. Appare una carrozza molto alta: la folla esulta al passaggio del piccolo Timur, sontuosamente vestito, che s'intravede all'interno. Raggiunto dal figlio nella tenda principale, Taragai gli porge una coppa di vino. Il bimbo beve e sorride, ma si vede chiaramente che sta lottando contro la sonnolenza provocata non solo dalla stanchezza naturale e dal vino, ma anche dalla pozione soporifera somministratagli nel calice mescolata alla bevanda alcolica. Il medico affila il lungo coltello a forma di mezzaluna, mentre Timur, vinto dal sonno, chiude gli occhi senza rendersi conto di quanto sta accadendo. Il santone con due dita tira la pelle del pene e la taglia con un colpo brusco, provocando uno schizzo di sangue che viene subito tamponato con unguenti portentosi. Taragai pianta allora, secondo il rituale, una spada nella terra vicino alla testa del figlio ed alza, invocando benevolenza, le braccia al cielo.

La musica si fa ora quasi assordante. Gruppi di musicanti sparsi qua e là tra la folla, intonano le più svariate e fragorose melodie al ritmo impetuoso dei tamburi con cui i Tartari scandiscono le feste o le loro cruenti battaglie per il possesso dei pascoli. Sulla collina più alta davanti ad una iurta, la tenda dei nomadi, è seduto Taragai, il ricco allevatore capo della tribù Barlas. Con lui c'è il santone Kulial, oltre a parenti ed amici.

"Sia tuo figlio, Taragai, bello come un cespuglio del paradiso – sono i voti del santone – limpido come l'acqua santa dell'Eufrate, coraggioso nella lotta contro i senzadio e i Cristiani, come un leone della Nibia e che porti avanti guerre giuste e meravigliose come il profeta Maometto!"

Gli anni passano inesorabilmente e Timur, che nel frattempo ha compiuto dieci anni, si avvia, col volere di Allah, verso il raggiungimento della prima meta, la pubertà, attraverso lo studio del Corano e delle arti marziali.

È un giorno qualsiasi del 1346. Per terra, seduti su dei tappetini, gruppi di scolari seguono attentamente un libro aperto, da cui Timur legge alcune frasi ad alta voce, con calma e sicurezza come se ne comprendesse appieno il significato:

"Ed ecco che ti ho insegnato la scrittura, la saggezza, la Torà ed il Vangelo, ed ecco che tu hai fatto con la creta un'immagine simile a degli uccelli, con il mio permesso ..."

L'eccessiva sicurezza di Timur desta la curiosità del Maestro:

"Timur, spiega queste parole".

"Venerabile Berké, Allah qui dice che tutto il mondo, anche la stessa vita, esistono per suo volere".

"Stai facendo progressi", si compiace il Maestro.

"Ne sono contento, Venerabile, ne sono contento, perché il futuro Signore del mondo deve essere colto oltre che forte come un leone".

"Vuoi diventare il Signore del mondo?", si stupisce il Maestro che non sa se ridere o adirarsi di questa fanciullesca presunzione.

"Io sarò il conquistatore ed il padrone del mondo – prosegue Timur con un beffardo sorriso – solleverò su tutta la terra la bandiera verde dell'Islam e la bandiera bianca della vittoria".

È a questo punto che Said, il più alto, con le spalle larghe come un toro, si alza di scatto e sbotta:

"Il mondo appartiene solo a Dio! Vuoi forse essere Suo rivale? Il Profeta ha detto: e più di tutti saranno puniti, il giorno del Giudizio Universale, quegli uomini che oseranno imitare la creazione di Allah!"

"Mio padre ha fatto un sogno prima che io nascessi – replica Timur senza lasciarsi intimidire dalla foga del compagno – Gli indovini hanno letto nel sogno il mio futuro pieno di gloria. E questo ti basti!"

Il ragazzo seduto vicino a Timur sgrana gli occhi, guarda allibito i visi dei compagni che stanno ridendo.

"Raccontaci il sogno, Timur"

"No, non ve lo racconterò, voi non mi credete, vi prendete gioco di me. Ma quando tutto si avvererà allora mi crederete e smetterete di prendermi in giro, vi rammaricherete di aver riso di me e mi chiederete perdono!" Gli occhi di Timur ardono, sì, di rabbia, ma denotano anche una così profonda

sicurezza da zittire seduta stante gli sfottò dei compagni.
Il pomeriggio, giocando lungo la strada polverosa e soleggiata, Timur corre coi suoi amici volteggiando una spada di legno e dando ordini come un condottiero. Said lo prende subito di petto: "Ehi puzzola! Si può sapere chi ti ha nominato emiro?"
"Mia nonna. Venite stasera in quel fienile e vi dirò qualcosa di importante".
Sceso il buio, dopo cena, i ragazzi accorrono per sentire le strabilianti parole del loro coetaneo. Timur non si lascia sfuggire l'occasione e prende ad arringare la piccola folla di ragazzi che si è formata attorno a lui:
"Mia nonna ha il dono della divinazione. Una volta in sogno ha previsto che qualcuno dei suoi figli o nipoti conquisterà un regno e aprirà nuove strade. Questo eroe sono io! Il mio tempo si avvicina. Inchinatevi e giuratemi fedeltà! Inchinatevi, inchinatevi, inchinatevi".
Si inchinano tutti davanti a lui, ad eccezione di Said, che rimane in piedi, guardando Timur con aria beffarda.
"Perché non ti inchini davanti a me, Said?"
"Perché non credo né a te né a tua nonna. Anche io ho una nonna, e anche lei ha visto in sogno che io diventerò un grande condottiero! Facciamo a lotta, allora, chi vincerà avrà ragione!"
"D'accordo", Timur accetta la sfida afferrando subito le spalle di Said che, però, più alto di lui, lo fa cadere per terra, ridendo.
"Allora? Di chi è la nonna più sveglia?"
Timur ha il sangue agli occhi. Si rialza e vorrebbe gettarsi contro il ragazzo che lo sovrasta fisica-

mente. Ma Faisullà interviene gridando: "Fate la pace, fate la pace! Non sta bene comportarsi così tra coetanei!"

"Fate la pace, fate la pace!", scandiscono anche gli altri fanciulli in coro.

"Va bene – sembra allora quietarsi Timur – sono d'accordo nel fare la pace con te, Said, perché mi fai pena. Io perdono la tua mancanza di fede!"

"E io perdono la tua ignoranza, Timur!"

Si tendono vicendevolmente le mani, si abbracciano, ma in quel preciso momento, Timur colpisce violentemente con la testa il viso di Said che in un attimo si copre di sangue, e cade bianco come un cencio.

"Ecco cosa succede a coloro che non credono in me! Inchinatevi! Inchinatevi! Inchinatevi e giurate che non mi abbandonerete mai! E tu, Said – che sollevatosi da terra si regge a malapena sulle gambe – mi sarai fedele per sempre?"

"Lo farò, sarò fedele" mormora il ragazzo con le labbra spaccate.

Qualche tempo dopo Timur e Faisullà nuotano nel fiume trasparente come un'acquamarina attraverso il sole. È un pomeriggio chiaro e luminoso. I ragazzi si tuffano, fanno a gara a chi arriva primo alla sponda opposta.

"Faisullà, chi arriva per primo a quel cespuglio diventerà Khan!"

Faisullà ride accettando la sfida e poi si tuffa seguito da Timur. Ambedue nuotano allo stremo. Faisullà a quasi sorpassato Timur, sta già toccando con la mano il cespuglio, ma all'ultimo momento Timur, con la forza della disperazione, afferra un bastone che galleggia nel fiume e con la punta tocca per primo il cespuglio gridando: "L'ho toccato prima io, io diventerò Khan!"

Di fronte alla palese ingiustizia anche Faisullà alza la voce: "No, no, tu hai toccato il cespuglio con il bastone e non la mano. Mentre stavi per toccarlo con la mano, la mia testa era già lì. Se non ci credi, vediamo chi arriva prima a quell'albero!"

In quel mentre, si sente dalla riva una voce chiamare Faisullà che, con l'aria di rallegrarsi, spiega a Timur: "È Mullacià, il mio amico. Te ne ho parlato".

Timur si rabbuia. "Che bisogno hai di un altro amico? Io ti voglio bene e tu mi hai giurato fedeltà!"

"Oh Timur, tu non lo conosci! Insegnerà anche a te qualcosa di piacevole".

"E che cosa mi può insegnare, Faisullà? Lo so da me ciò che dà piacere, per esempio aiutare i poveri, come è scritto nel Shariat!"

"Aiutare i poveri?" Faisullà scoppia a ridere. "Mullacià, raggiungici a nuoto, dai!"

"Che c'è da ridere?" s'inalbera Timur, mentre Mullacià si è ormai avvicinato a nuoto per rivolgersi sottovoce a Faisullà chiedendogli delle carezze. Ma questi scoppia nuovamente a ridere.

"Prova a chiedermi un bacio".

"Che me ne faccio di un tuo bacio? Nuotiamo insieme fino ai cespugli, vieni!"

Si allontanano, nuotando a larghe bacciate. A Timur, rimasto solo, riecheggiano in mente le ultime parole di Faisullà: "è così piacevole, è più dolce dell'uva passa!"

Dopo un po', tra i cespugli vicino alla riva, si odono risate, sospiri, esclamazioni. Durante tutto questo tempo, Timur guarda fisso e senza muoversi verso i cespugli che ondeggiano. Torna poi a riva a nuoto, prende la sua cintura, vi avvolge un sasso e roteandola vorticosamente a mo' di fionda fa partire il proiettile verso i cespugli. Faisullà e Mullacià escono di scatto, come animali braccati.
"Proprio come quelli come voi – grida Timur – ammonisce il Corano. Quando sarò grande e famoso, porterò in alto tutti i miei veri compagni, gli amici della mia infanzia! Ma quelli come voi, darò ordine che siano sfamati con vetro rotto e scorpioni vivi!"

Fiume e steppa, giorno 1354. Timur corre impetuosamente sul suo cavallo nella steppa arida. Il suo viso è pieno di gioia, come ispirato. È evidente che la corsa a cavallo, la giornata luminosa e il suo giovane corpo pieno di forza, seduto saldamente in sella, tutto ciò gli procura un vero piacere. Supera una collina e si avvia in direzione di un grande lago, per riposarsi e abbeverare il cavallo. Il sentiero verso lo specchio d'acqua volge in discesa, Timur frena il destriero mandandolo al trotto. Davanti a lui procede un cavaliere vestito col mantello tipico dei beduini del deserto. Il cavaliere porta sulla schiena da una parte una lancia, dall'altra una faretra e un arco. Alla cintura, una larga spada. Un'aria di mistero, di pericolo e, al contempo, di fascino aleggia intorno allo sconosciuto cavaliere, qualcosa che richiama alla cautela e contemporaneamente suscita invidia e ammirazione. Timur incita il destriero e si lancia al galoppo per superarlo. Nota così il viso scarno dagli zigomi alti del forestiero.

"Buon viaggio!" esclama il giovane Timur passando avanti al beduino. Ma un attimo dopo sente dietro di sé lo scalpitio cadenzato degli zoccoli dell'altro cavallo, spronato a sua volta dal suo cavaliere al galoppo. Lo scalpitio si avvicina sempre di più. Timur allora si abbassa sul collo del cavallo. Così, ambedue i cavalieri galoppano al limite delle loro forze in questa gara imprevista. Per un po' restano appaiati testa a testa, ma dopo qualche decina di metri Timur riesce ad avere il sopravvento, tanto che giunto in riva al lago, fa in tempo a balzare di sella e a stendersi sull'erba della sponda per immergere il viso nell'acqua prima dell'arrivo dell'altro cavaliere che, riposti, sul prato, non lontano da sé, la spada, la lancia e l'arco con le frecce, si sfila il pugnale ricurvo dalla cintura e stende il sottosella in terra per sdraiarcisi sopra. Per un po' i due non parlano. Si sente solo il loro affannoso respiro. Poi Djambas, il misterioso beduino, rompe il silenzio:

"Sei bravo a cavallo! Sei giovane ma abile in sella. Come ti chiami?"

"Timur, figlio di Taragai della tribù Barlas. E voi?"

Djambas non riesce a trattenere il riso; "Oh, io! … Io sono un vagabondo, ragazzo. Giro per il mondo alla ricerca di moneta sonante". E ride di nuovo.

"In sostanza – incalza Timur incuriosito – di che vi occupate?"

"Io? Di diverse cose. Ho insegnato a ballare ad una scimmia al Cairo, a Bagdad ho organizzato combattimenti tra galli, a Delhi facevo l'incantatore di serpenti …". Non è chiaro se Djambas stia dicendo la verità o se voglia scherzare. Ma il suo modo di fare, le sue risatine coinvolgono Timur e anche lui comincia a ridere, ascoltando una lunga sequela di racconti incredibili. Ad un certo punto il cavaliere estrae dal mantello una bottiglia di vino e manda giù alcune poderose sorsate.

"Ecco, serviti!" la porge poi a Timur.

"No, è peccato, il Corano lo vieta!" s'inalbera invece il ragazzo.

Allora Djambas, senza indugi, estrae dal mantello un libricino stropicciato: "Anch'io sono credente e porto sempre con me il Corano. L'ho comprato al Cairo, al bazar. Ma io non sono molto istruito. L'ho imparato sillabando. Me lo ha insegnato un derviscio. Ah sì, quel monaco mi ha insegnato tante cosucce. Insieme siamo andati in giro per i bazar della Persia. Mi ha anche insegnato come chiedere l'elemosina ... ma sì!, come fingere di essere poveri o malati per ottenere sonanti monetine − scoppia a ridere − come comportarsi insomma per rendersi credibili. Gli abiti cenciosi sono paragonabili ad un segno di devozione − questo diceva il sant'uomo − e la vita vagabonda un'abitudine al pellegrinaggio ... - così dicendo continua a tracannare il vino. Ricordati, ragazzo, il consiglio del vecchio santone: pur vedendo tutto, fingi di essere cieco, sentendo tutto sordo, fingi di essere zoppo, perché costoro vengono aiutati, e fai finta di essere muto, perché il silenzio è la lingua della felicità!" Porge nuovamente la bottiglia a Timur che finalmente l'accetta e beve: "È buono?"

"Caspita, se lo è!"

"E adesso, ragazzo, trova quello che è scritto nel Corano sul vino".

A Timur comincia a girare la testa: "È la quinta sura … credo".

"Credi? Come credi?"

"Lo è, lo è. Leggo: Oh! Voi che credete che il vino è una turpe invenzione del Diavolo, statene lontani, può darsi che da questo trarrete felicità".

"Ben detto! - fa Djambas dopo una pausa. 'Può darsi che da questo trarrete felicità!' Può darsi! Ma che cosa sia la felicità, non è scritto neanche nel Corano. Ecco un altro piccolo libro, rilegato in pelle, come vedi. Lo porto sempre con me. Ma tu, ragazzo, mi piaci. Voglio regalartelo. Il santo Obusakhl, che mi ha fatto da padre e che è spirato tra le mie braccia, ne deserto vicino ad un falò … - improvvisamente comincia a parlare in tono duro. Lui è morto dissanguato e io non sono stato in grado di trovargli un dottore … (tace). È tutto vano, niente ha senso in questo mondo. In questo libro molto è detto sulla vanità dell'esistenza terrena e sulle gioie della vita. il libro è di Omar Khaiam. Vedi questa macchia di sangue? È il sangue di Obusakhl. Ecco, leggi qui …"

Timur prende il libro e legge: "Bevi il vino, a noi non è vietato berlo. In ogni caso, il cielo ci distruggerà. Disteso sull'erba, che spunta dalle ceneri, bevi il vino e non mettere fretta al destino".

"Io mi chiamo Djambas e vengo da Horesm. Leggi ancora, ragazzo!"

"Noi pecchiamo bevendo il vino, è così; e con i nostri peccati si arricchisce la bettola, che ci perdoni Dio Caritatevole, altrimenti come può mostrare la sua clemenza?"

"Ecco, io prego così. Sì, che sia benedetto Iddio che ha creato il vino e le donne per il conforto dei miseri – scoppia a ridere. Ecco guarda questi disegni persiani ... - offre a Timur un pacco di disegni con donne nude. Ti piacciono? Al Cairo c'è un bagno pubblico che ha le pareti ricoperte di donne nude. Là alcuni bagni pubblici funzionano come bordelli. Le donne vengono, si lavano, parlano, e così si passa la giornata. Allora, vuoi venire al Cairo?"

"No – risponde Timur deciso – io andrò per un'altra strada, io ho fatto un voto!"

"Che voto?"

"Io devo diventare il padrone e il conquistatore del mondo. Mi credi?"

"Sì, certo, ti credo, se avrai fortuna! – lo guarda con espressione seria – Però che noia!"

"Come, che noia? – si stupisce il giovane – Essere il conquistatore del mondo sarebbe una noia?"

"Oh sì! Dovrai essere ipocrita e mentire. Avrai il potere, ma non avrai la libertà. Più sarai potente e meno sarai libero. Mentre noi, predoni, abbiamo la libertà assoluta. Esercitiamo un potere immediato, ma senza bugie e ipocrisia. E per questo viviamo liberi e felici. La cosa più importante è avere forza".

"Certo, la forza ha sempre ragione!" Timur è d'accordo.

"Sì, ma senza fortuna fa solo danni. Sai giocare a dadi?"

"No, a me piace giocare a scacchi".

"Io non ci so giocare, peccato! Dicono che gli scacchi aguzzino l'astuzia. Volevo imparare dal santo Obusakhl, ma non ho fatto in tempo. Però sono stato in Persia nelle case da gioco, dove si punta sui dadi ..."

"Ma il Corano vieta i giochi d'azzardo!"

"Oh, ragazzo, il Corano vieta anche d'allevare colombi. Ma al Cairo, ad ogni angolo ci sono colombaie. Dicono che lo stesso califfo sia invidioso del proprio visir, perché i suoi colombi volano più veloci. Anche al Cairo ci sono case da gioco, ma sono segrete, mentre in Persia sono legali. Là non perdono solo i soldi, o il proprio vestiario fino alla camicia e alle pantofole, ma anche la propria libertà. E certe volte, per essa, danno in cambio le proprie figlie. Vieni insieme a me, potresti vincere una giovane persiana! – scoppiano entrambi a ridere – Forza, vediamo se sei fortunato!"

Giocano a dadi e Timur perde: "Non ho neanche i soldi!"

"Non fa niente – lo rassicura Djambas – hai un debito con me, me lo segno; verrà il giorno! Sai che cosa ti manca, ragazzo? Bisogna tirare i dadi con sicurezza, con la consapevolezza di vincere. Senza risolutezza non ci può essere fortuna!"

Improvvisamente interrompe il suo discorso, guardando verso il pendio. Anche Timur si volge dalla stessa parte. Sul sentiero che porta al fiume, sta scendendo una ragazza, giovane e bella, con in mano una brocca. "Ti piace? Perché ridi? Lo vedo bene che ti piace. È bella! Si può languire per lei, soffrire e al contempo riceverne piacere. O plenilunio di bellezza, oh tu che possiedi bellissimi occhi da gazzella! Luce dei miei occhi, vita del mio cuore! – e continuano a ridere – Oh, io aspiro a te, come l'esausto viandante nel deserto aspira ad una fresca fonte d'acqua! ... be'? Non parlano forse così gli innamorati? Certamente ci si può comportare così, oppure ci si può semplicemente avvicinare e prenderla ..."

"Come, semplicemente?" fa Timur sorpreso.

"Proprio così! Avvicinarsi con risolutezza e prenderla con la forza. Perché la forza ha sempre ragione. Questo è il potere, Timur. Vai, Timur, e prendila!"

"Ma ..."

"Vedo che non sai deciderti. È così la prima volta. Ma dal momento che tu mi piaci, ti farò vedere come si fa".

Djambas si alza, prende il sottosella, si avvicina alla ragazza che sta attingendo l'acqua e le si butta addosso senza tanti complimenti.

"Ahmed! Ahmed! Aiutami!" grida a fanciulla.

A quelle invocazioni un giovane si precipita giù dal pendio, brandendo un coltellaccio. Djambas con un abile colpo lo disarma e lotta corpo a corpo. Non combatte però in maniera crudele, ma al contrario in modo allegro, ridendo. E anche Timur scoppia a ridere, osservando quanto di tragico e, al contempo comico, sta succedendo.

"Scappa, Sulfià, scappa!" grida Ahmed disperatamente.

La ragazza si riprende e comincia a correre, ma Djambas ha già legato con la cinghia del sottosella il giovane Ahmed e la raggiunge velocemente, la butta nuovamente a terra e la violenta. Sulfià urla e piange. Urla e piange anche il ragazzo legato e sdraiato per terra non lontano da loro. Di tutto ciò, Djambas ride ancora più forte, ammiccando a Timur che ride a sua volta.

"E adesso tocca a te" sussurra Djambas, fatto ciò che voleva, rivolto a Timur che però non risponde e continua a ridere. "Be', affari tuoi! Io devo andare, il sole è già alto. Non vuoi venire con me? Lo rimpiangerai!" Djambas parla come se non fosse successo niente, raccoglie le sue armi, monta a cavallo, guarda la giovane che sta piangendo: "Oh! Luce dei miei occhi – le dice – vita del mio cuore! – e scoppia a ridere – Perché piangi? In ogni caso diventerai una vecchiaccia malefica!" Poi si gira verso Timur, fa un cenno con la mano: "Tu mi devi un favore, questo significa che, prima o poi, ci rincontreremo. Aaahh!" Ciò detto si allontana al galoppo.

Subentra il silenzio. Non si sente che il pianto soffocato della ragazza e del giovane che giacciono legati per terra.

Sulfià è disperata: "Voglio morire! Dammi una coltellata! Dammi una coltellata! Ti prego!"

Timur, allora, come magneticamente attratto dallo sguardo della ragazza ormai fuori di sé, le si avvicina estraendo il coltello. Al che Ahmed ricomincia a piagnucolare: "Non la uccidere! Uccidi me al posto suo!"

Timur taglia invece le corde che legano la ragazza e poi quelle del giovane. I due si abbracciano e piangono a dirotto.

"Io vi prometto, ho fermamente deciso – cerca di rassicurarli Timur – che quando sarò il padrone del mondo, spazzerò via dalla faccia della terra tali banditi!"

Zona montagnosa, giorno 1354. Timur e suo padre Taragai, girano a cavallo controllando la loro mandria, un po' più indietro galoppano il fedele amico di Timur, Said, e lo schiavo responsabile dei pascoli.

Taragai, vinto da una profonda stanchezza interiore, si confida col figlio al quale invece ora sembrano schiudersi le porte dell'esistenza terrena: "Timur, io sono ormai vecchio, voglio ritirarmi a vita privata e lasciarti tutti i miei averi". Taragai coglie nel silenzio del figlio l'imbarazzo della risposta ed allora prosegue: "Vedi, figlio mio, il mondo non è che un vaso dorato pieno, però, di scorpioni e serpenti. Io, ormai, sono stanco di tutto questo".

Senonché, come molti padri che predicano bene e razzolano male, anche Taragai, nonostante abbia ormai deciso di rinunciare alle miserie del mondo, ama raccontare a Timur della gloria e del valore degli avi che si erano fatti padroni delle montagne lontane del nord, oltre il deserto del Gobi. Storie strane di giorni pagani, ma Taragai sembra compiacersene. Descrive al figlio le virtù del popolo di cavalieri che divideva l'esistenza col bestiame, delle migrazioni all'inizio dell'inverno per sottrarsi ai ghiacci, pronto alla guerra per difendere i propri pascoli dagli invasori e dai predoni. Taragai non perde allora occasione di narrare al giovane Timur delle gloriose guerre al confine col Catai, del rito del sacrificio dei cavalli bianchi sulla tomba dei capi tribù e di come i cavalli, passando per la porta del cielo – là dove più nitide scintillano le meravigliose aurore boreali – servono nell'aldilà lo spirito del nobile defunto. Il padre conosce ancora a memoria i nomi di tutte le principesse del Catai inviate spose ai Khan del deserto su carri carichi di sete pregiate e di prezioso avorio intagliato, e si sofferma sul fatto che i Khan vittoriosi dovessero bere il latte delle giumenta nel cranio ricoperto d'oro del nemico morto.

"Così, figlio mio, venne il giorno in cui Gengiz Khan portò i suoi mongoli alla conquista del mondo. Era scritto che ciò accadesse. E quando l'angelo delle tenebre raggiunse il Khan, egli in punto di morte divise l'immenso impero tra i suoi figli e quelli del suo primogenito morto in battaglia. Al diletto figlio Chadagai egli dette il dominio delle nostre terre; senonché i figli di Chadagai, preferendo i piaceri della vita libera, della caccia ai doveri del governo, si ritirarono sulle montagne del nord, lasciando l'amministrazione di Samarcanda ad un governatore. Il resto tu lo sai, non c'è bisogno che te lo ripeta, ma … figlio mio, devo ammonirti ancora una volta: non vorrei che ti allontanassi dalla legge di Dio, di cui Muhammad è il Profeta (la pace sia con lui). Rispetta i sapienti, chiedi sempre la benedizione dei dervisci. Appoggiati sui quattro pilastri della legge: la preghiera, il digiuno, il pellegrinaggio, l'elemosina".

Timur lascia che il padre finisca la sua predica, senza interromperlo; e tuttavia non riesce a fare a meno di puntualizzare:

"Scusatemi padre, ma io la proprietà vorrei comunque organizzarla a modo mio. Ad esempio: bisogna dividere gli schiavi in gruppi di dieci e ogni gruppo con un responsabile". Così dicendo passano vicino ad una mandria di montoni. "È necessario – prosegue Timur – anche dividere i montoni in gruppi da cento, per incrementare il bestiame, separando i maschi dalle femmine".

"Questo è stato un anno buono per le bestie –
sospira Taragai – tutte le coltivazioni sia mie che
dei miei sudditi hanno dato un buon raccolto. Sono
nati molti animali, specialmente cavalli".
Timur continua imperterrito a fare i suoi pro-
grammi:
"Bisogna unire venti cavalli in un branco, e ogni
dieci branchi, uno schiavo come responsabile".
Si fermano vicino una mandria, Timur scende da
cavallo e si avvicina allo stallaggio.
"Troppo cibo – sbotta poi rabbuiato – un cavallo
troppo pieno, diventa pigro e costa troppo".
Lo schiavo responsabile del pascolo cerca allora di
giustificarsi: "Scusate, padrone, è colpa di Alì! Lui
è ormai vecchio ed è il peggiore degli stallieri".
"Chiamatelo! Dobbiamo sbarazzarci dei servi inca-
paci, non ha senso trasportare inutili alimenti".
Lo schiavo corre via per tornare subito indietro
sempre di corsa: "Sta dando da mangiare ai puledri. Ha detto che verrà appena finito".
Timur non riesce a dominare la rabbia: "Trascinatelo qui!" Ma prima che l'ordine venga eseguito
appare Alì, un vecchio dalla barba bianca: "Vengo,
sto arrivando!"
"Schiavo indolente – urla Timur – come osi indu-
giare quando a chiamarti è il tuo padrone?"
Alì risponde con tranquillità senza minimamente
scomporsi: "Stavo dando da mangiare ai puledri,
anche loro sono creature di Dio".
Said fa un passo avanti schioccando la frusta, ma
Timur lo ferma e guarda con interesse lo stalliere
dalla barba bianca.
"Ma cosa c'è? Non capisci da quale parte sia la
forza? Tu sei un mio schiavo!"

"La tua forza non è in te – replica calmo il vecchio Alì – ma nella forza e nel volere di Dio, la Sua grandezza ti proteggerà sempre se saprai essere giusto!"

"Vuoi forse dire che il nostro padrone non è giusto?" lo redarguisce l'altro schiavo.

"Quel che ho detto, ho detto".

Said non riesce più a trattenersi. "Questo è troppo. Ora avrai la lezione che meriti!"

"No, no che vada pure, lasciatelo! Vai, vai pure! Noi dobbiamo saper gestire i nostri beni, non possiamo mantenere schiavi svogliati".

"Ti chiedo solo il permesso di salutare i cavalli".

"Ti è stato detto di andar via!" gli urla in faccia Said.

Timur invece non può fare a meno di sorridere alla vista di Alì che, avvicinatosi ai cavalli, sussurra qualcosa, baciandoli.

"Lasciatelo fare, che dica pure addio ai cavalli!"

Said e il vecchio schiavo guardano verso Alì ed entrambi ridono, scuotendo la testa.

"È pazzo!"

Taragai, fino ad allora rimasto in silenzio, ha invece parole di comprensione nei confronti dell'anziano schiavo:

"Noi tutti diventiamo pazzi, invecchiando".

"Padrone, per quanto riguarda i cammelli, c'è bisogno di uno schiavo ogni dieci bestie".

"Sì, sì", risponde Timur distrattamente, voltandosi a guardare Alì che sta uscendo dal cancello.

Il vecchio, da parte sua, si accorge che il giovane lo guarda impressionato e ne approfitta per tirargli un nuovo provocatorio colpetto: "Segui l'esempio degli uccelli che con grande attenzione e cura rompono quelle stesse uova da cui usciranno i loro figli".

Campo di Taragai, giorno 1358. Da dietro la collina, improvvisamente appaiono dei soldati mongoli. In groppa ai loro bassi cavalli invadono l'accampamento, rubando e incendiando tutto. In testa all'orda, galoppa Tugluck, il loro Khan. Si lanciano sulle tende con urla terrificanti, con gli zoccoli dei cavalli calpestano chiunque gli si pari davanti. Cercano di violentare le donne.
"I Mongoli! Mettetevi in salvo!" Urla Timur che fa sedere in sella il padre e colpisce con la frusta il cavallo. Taragai fugge al galoppo.
Due mongoli si lanciano allora all'attacco di Timur che riesce però a liberarsene con estrema destrezza. Altri tre gli si fanno subito incontro, ma Timur si difende accanitamente con la spada. Correndo a perdifiato salta in groppa ad un cavallo mongolo e uccide, con un pugnale, il cavaliere.
In lontananza, Tugluck osserva con curiosità ed ammirazione le imprese del giovane Timur che, frustando furiosamente il cavallo, riesce a rompere l'accerchiamento e a fuggire ...

Deserto e pozzo, giorno 1358. Il platano, piantato tanto tempo fa dal padre, è cresciuto e si è fortificato. Timur scava con la spada la terra ai piedi dell'albero. Rimane a lungo seduto, immerso nei suoi pensieri. Ora dispone di oltre cento cavalieri e si fanno sempre più frequenti le sue incursioni e scorribande a nord o gli assalti alle ricche carovane mongole. Il fuscello sta mettendo solide radici ...

Campo saccheggiato, sera 1359. La strada è affollata di gente che corre spaventata e atterrita, alcuni sono feriti, sporchi di sangue. Altri trascinano le proprie masserizie, povere cose, e spronano il bestiame. I fuggiaschi raccontano a chi s'incontra per la via tutta la loro sventura:

"Siamo della pianura... Kran, di nuovo, saccheggia e distrugge tutto quello che trova sul suo cammino".

Timur seduto sulla sella posata in terra all'ingresso della tenda, legge un libro e trascrive di tanto in tanto qualcosa su di un figlio. Disturbato dal trambusto esclama rivolto a Said: "Che succede?"

"Sono dei fuggiaschi. L'emiro Kran ha nuovamente sconfinato, ancora una volta le sue incursioni causano molte tragedie".

"È già da parecchio che voglio dare una lezione a Kran – esclama rabbuiato Timur – Se fossi io il governatore del Turan, Krannon non avrebbe il coraggio di compiere le sue razzie!" Mette allora bruscamente da parte il libro e va incontro ai fuggiaschi esclamando: "Che tu sia maledetto, Kran assassino! Noi tutti, ricchi e poveri preghiamo affinché tu muoia presto!"

Qualcuno lo riconosce.

"È il nuovo giovane emiro Timur! Aiutaci, aiutaci, generoso emiro Timur!"

"Ma voi avete già un governatore, l'emiro Kasgan, giusto e clemente".

"È ormai vinto! Ha combattuto contro Kran, ma è stato sconfitto!"

Timur finge di essere addolorato da quelle notizie:

"Davvero il Giusto è stato sconfitto dal Crudele?"
"Sì, e Kran causerà altre sciagure e a questa calamità si è aggiunto anche il freddo! Abbiamo freddo e siamo affamati! Ti prego, dacci del pane e dei viveri!"
"Said, da loro del pane".

Vallata, giorno 1359. Timur e Said passano in rassegna un reparto assai malandato di guerrieri, alcuni sono a cavallo, altri a piedi. Sono armati alla meno peggio, chi con vecchie lance, chi con spade arrugginite.
Timur non riesce a nascondere un certo fastidio rivolgendosi ad un giovane soldato per chiedergli sarcasticamente:
"Dove hai lasciato il tuo asino?"
"E a che mi serve un asino in guerra?", replica il giovane senza afferrare l'ironia delle parole del condottiero che gli sta davanti.
"E a che ti serve, allora, questo bastone?", continua allora a sfotterlo Timur.
"Ma questa è una lancia!"
"E io credevo che fosse un bastone per incitare l'asino! (Risate) No, è impossibile combattere con questi qui. Benché io sia stato prodigo nei miei regali, non posso fidarmi di nessuno!"

Pascolo in montagna, notte 1359. In un pascolo isolato, i cospiratori si riuniscono alla luce di un falò. Tra di loro Barlas, Saldur, ed altri scontenti dell'emiro Kasgan.
Barlas è tra i più avvelenati: "Possiamo liberarci con coraggio dagli oppressori stranieri, ma come ci libereremo dal nostro tiranno? Kasgan è crudele,

ancor più crudele di Kran, ma i suoi adulatori lo fanno passare come uomo clemente e giusto".

"Stai forse alludendo a me?" lo interrompe Timur sentendosi chiamato direttamente in causa.

"No, tu parli della giustizia e della bontà di Kasgan, perché sei giovane e inesperto, Timur. Tu dici che Kasgan è buono, ma ricordati che due sono i mali peggiori del paese: l'ozio e l'indigenza. Kasgan ha seminato sia l'uno che l'altro. Ha sollevato i poveri ingenui dalla necessità di lavorare ed ora, alcuni di loro si sono dati ai saccheggi al di fuori delle mura della città ed altri alla truffa nella città stessa".

"I nostri schiavi, paragonati a quelli di Kasgan, sono pigri" si lamenta Saldur.

"Dipende tutto dai padroni – si giustifica Timur – Per coloro, la cui unica proprietà è il proprio corpo, diventa effettivamente difficile sopportare una tale vita".

Barlas tuttavia non è d'accordo. Scuote la testa dando segni d'impazienza.

"Non stiamo adesso a discutere di quanto debba essere buono il padrone, per piacere!"

"Bisogna scegliere il momento opportuno e uccidere Kasgan. Ti unisci a noi, Timur? O no?"

"Ci devo pensare".

"Non c'è più tempo per pensare! Possiamo prendere il potere ora che Kasgan è impegnato con Kran".

"Bene. Sono d'accordo!" si decide finalmente Timur.

Tenda di Taragai, notte 1359. Pianti, preghiere. Timur, suo padre Taragai e altri parenti vegliano la salma della madre. Mentre le prefiche cominciano i lamenti funebri, sulla porta compare l'emiro Saldur, chiama sottovoce Barlas; questi gli si avvicina, continuando a piangere. Saldur gli presenta un giovane magro, con un viso alterato e cattivo.

"Questo è l'emiro Tomul, tu lo conosci già, Barlas".

"Sì, lo conosco, sua moglie Gulmalik è la figlia di Kasgan. Lei ci ha fatto sapere che tuo nipote Timur ha scritto una lettera segreta a Kasgan, dove ha denunciato la nostra congiura".

"Colui che è amico dei maiali, rotolerà nel fango!", reagisce nervosamente Tomul.

"Io te lo avevo detto! – s'inalbera Saldur – Non bisognava dire della congiura a Timur! Lui non è di nobile stirpe, e per di più, anela al potere".

Barlas però taglia corto: "Non è il momento di litigare! Bisogna invece pensare al da farsi".

Samarcanda, interno del palazzo di Kasgan, sala da pranzo 1360. Per la prima volta, Timur si trova all'interno del palazzo del governatore Kasgan, è impressionato dal lusso e dalla sontuosità: piatti in oro e argento, vestiti ornati di perle e pietre preziose. Ma questo è niente rispetto al lusso di cui si circonderà in futuro Timur, conquistatore di paesi e popoli. Tuttavia, per ora, egli è ancora un giovane emiro della tribù Barlas, né tanto nobile né tanto ricca. Davanti a lui, appassionato sognatore, per la prima volta il potere gli appare non solo come un'idea astratta, ma come un'incarnazione materiale in tutto il suo splendore e fascino. Lo stesso Kasgan, che è una persona semplice, con un grosso viso rotondo e con un triplo doppio mento, coglie l'ingenua meraviglia del giovane. Perciò sorride dolcemente, lo abbraccia con tenerezza, in modo quasi materno con le mani tozze adornate di anelli e bracciali.

"Come è giovane l'emiro Timur, figlio di Taragai. Ecco mio figlio ed erede Abdullah – indica un giovane altrettanto grasso e con un doppio mento flaccido – E questo invece è suo figlio, mio nipote, Hussein, tuo coetaneo, governatore di Gherat".

"Faremo amicizia!" gli sussurra Hussein sorridendo solo con la bocca, i suoi occhi invece lo scrutano sospettosamente, quasi a frugarlo.

"E questo è il fedele emiro Bakir – prosegue Kasgan – capo dei soldati di mio nipote, e questo è il comandante dei miei soldati, il valoroso Baian Kul, il più vicino a me, tra tutti. E questo è mio genero l'emiro Tomur, che ha personalmente imprigionato il crudele Kran. Naturalmente conosci tuo zio Barlas e l'emiro Saldur".

Viene servita la cena: grandi piatti fumanti di carne, una densa minestra, pilov – cioè riso e carne di montone – pesce in agrodolce, sedano e carote fritte, insalate di verdure miste e uova.

Kasgan è in vena di confidenze: "Amo la cucina cinese, è leggera e piacevole. Per me va bene, dato che ho l'affanno e dolore al ventre. Sei stato in Cina?"

"No, non ci sono stato – risponde Timur – Sono ancora giovane e non sono stato da nessuna parte".

Kasgan sorride come un paffuto felino che si gongola al tepore del sole: "Ho sentito dire che il santo Kulial ti ha predetto un grande futuro".

Timur arrossisce e cerca di fare il modesto: "Forse che tutte le previsioni si avverano? Tutto dipende se il Destino ti amerà! Come diceva il poeta:
Oh, Destino, tu, solo, sancisci la violenza in
Tutto, il tuo giogo è senza confini come le
Tenebre che ti hanno creato. Dai il bene agli infami e il
Dolore ai cuori dei buoni, sei forse un incapace o forse
La tua mente è ottenebrata?
No, non sono versi miei ma del poeta Omar Khaiam".

"Vorrei invitarlo! Mi piace quando i poeti recitano i loro versi o quando gli incantatori fanno i loro numeri con i serpenti".

"È impossibile invitarlo! È lontano!" si oppone Timur.

Kasgan non sembra tuttavia voler prendere sul serio simili difficoltà: "Ma pago io le spese del viaggio".

"È impossibile, è morto duecento anni fa!"

Kasgan scoppia a ridere e da un colpo amichevole sulla spalla di Timur: "Che peccato! Ma, in compenso, tu sei vivo! – rivolto ad un servo – Portami un altro piatto di cibo cinese. Oh, la Cina! Ci dovrai andare in Cina! La Cina è il tetto del mondo! Chi sarà padrone della Cina, siederà su una montagna e guarderà il mondo dall'alto, come Dio!"

"Sarà lui allora il padrone del mondo?" si sbilancia il giovane Timur, non senza ingenuità.

Al che, Kasgan si mette di nuovo a ridere: "Sì, del mondo e del proprio stomaco! Io, devo riconoscerlo, amo mangiare, l'anatra di Pechino, i dolci di

Canton, prova questo pesce con l'uva secca, provalo! Che sapore, che sapore! Questa salsa si chiama *u sian min*. Ti piace?"
Timur nasconde la bocca con la mano e storce il viso: "Oh, sì molto!"
Kasgan ancora non si trattiene dal ridere: "Ho visto sai, che stavi facendo le smorfie! Ma ti ci abituerai e amerai la cucina cinese".
Nel frattempo è scesa la sera. Kasgan invita Timur ad accomodarsi in una sala adiacente non grande, interamente addobbata con tappeti. Su di un piccolo tavolo sono esposti dei campanellini di fattura cinese. Kasgan suona i campanelli, un servo porta, su di un vassoio, una bottiglia, versa il contenuto in un bicchiere d'oro.
"Alla tua onestà e fortuna!" è il brindisi proposto da Kasgan.
Bevono fino in fondo e Timur, sbarrando gli occhi, si afferra la gola con la mano.
Kasgan senza smettere di ridacchiare si finge sorpreso dalla reazione di Timur: "Che cos'è? Troppo forte? È acquavite cinese fatta con il riso. Fra un po' starai meglio. Ecco degli antipasti – gli porge un piatto d'oro con degli antipasti – Ecco delle seppie seccate e del bambù con salsa. Allora? Non è buono? Va meglio adesso? Ora voglio scam-biare due parole con te. Ho ricevuto la tua lettera dove mi scrivi dell'incombente pericolo a causa dei cospiratori. Ti ringrazio!"
"Sono felice di essere stato in grado di aiutare, in qualche modo, un così nobile Signore".
"Ma da chi hanno saputo della tua lettera? Posso immaginare da chi, da mia figlia Gulmalik, moglie di Tomul, è stata lei ad avvertire i cospiratori. Lei

ama pazzamente suo marito! Ed ecco che ora i cospiratori venuti a sapere della tua lettera, me ne hanno scritta, a loro volta, un'altra: hanno ammesso tutto, si sono pentiti e accusano te di avere delle brutte intenzioni. Ma io capisco tutto e ti credo. Dai tuoi occhi onesti ho capito la tua sincerità!"
Timur sembra tranquillo. "Ti ringrazio, grande emiro".
"Ma io a loro non credo! – prosegue Kasgan – Non credo al loro pentimento. Come dovrò comportarmi con loro?"
"Perdonateli, perdonateli, ma ricordatevi di ciò che avevano in mente!"
"D'accordo, ho piena fiducia in te e quindi, benevolmente, li perdono. E ora beviamo un altro po' di vodka cinese – si versa da bere e beve tutto d'un fiato – Oh, ecco! Adesso è tutto più piacevole e più facile!"
Timur che per la vodka ha ronzii alle orecchie, ripete quasi meccanicamente: "È tutto più facile".
"Hai fatto il tuo primo incontro con la Cina! Sono sicuro che la amerai come la amo io. Adesso chiamo mia nipote Aldjan. Anche se il Corano non permette l'istruzione alle donne, lei, da sola, ha imparato a leggere e ama le letture. Sa anche cantare … - rivolto ad un servo – Chiama Aldjan! Sua madre è morta, che Dio l'abbia in gloria, suo padre, Abdullà non si occupa affatto di lei, come anche suo fratello Hussein. Aldjan – dice alla nipote che sta entrando – questo giovane scienziato è l'emiro Timur, lascia che egli ascolti come tu leggi".
Aldjan prende un grosso libro e lo apre. Dalla giovane donna emana un profumo di petali di rosa,

mentre legge con voce piacevole e melodica:
"Proprietà utili del vino: esso scioglie i calcoli,
rafforza gli intestini, allontana le preoccupazioni,
suscita generosità, favorisce la digestione, rende il
corpo sano, allontana le malattie delle articola-
zioni, pulisce il corpo dai grassi nocivi, suscita
l'entusiasmo e la gioia, aumenta il calore naturale,
rinforza la vescica, rende forte il fegato, combatte
la stitichezza, rende roseo il viso, pulisce dalle
impurità il sangue e il cervello, arresta l'inca-
nutimento. Se Dio Grande e Glorioso non lo avesse
proibito, non ci sarebbe sulla faccia della terra
niente, che potrebbe prendere il posto del vino".
"Niente, al di fuori dell'amore ..." soggiunge Timur
a bassa voce.
"Oh! Tu parli d'amore! Questo mi riempie di gioia!
Se vuoi, io ti darò in moglie la mia amata nipote ...
perché taci?"
Timur in effetti non riesce più a nascondere la sua
sorpresa:
"Misericordioso emiro Kasgan, per me tutto ciò è
così inaspettato!"
"Ma guarda com'è buona e bella! Ti darà tanti bei
figli. Perché taci?"
"Sono rimasto colpito da tanto onore e non trovo le
parole!"
Kasgan ora sorride benevolmente, con gioia:
"Le darò, in dote, molte proprietà e il bestiame".
La moglie di Tomul, Gulmalik, intanto origlia alla
porta.
"Sta combinando il matrimonio di Aldjan con il
giovane Timur", sussurra a bassa voce al marito,
che le si è avvicinato.

"Ci mancava anche questa! – bisbiglia Tomul con cattiveria – Così la tribù Barlas prenderà il potere!"

"Io lo sto dicendo da tanto tempo che a causa di Aldjan, passeremo molti guai. Avremmo dovuto darle della khalvà avvelenata".

"Taci, donna! Quali stupidaggini vai dicendo! È tuo padre Kasgan, che vive troppo a lungo. Non cede il passo a tuo fratello, l'erede Abdullà, ed è con lui che noi andiamo molto d'accordo!"

Gulmalik guarda con amore e devozione il marito:

"Mio padre ha un'abitudine, quella di recarsi spesso sulla tomba di mia madre. Ti devi nascondere nel cimitero, pugnalarlo e buttare il cadavere nel pozzo. Oppure, se vuoi, lo farò io stessa! Nascondo il pugnale e mi metto a pregare ... oh! Dio onnipotente, forse io non sono degna della felicità se non versando il sangue del proprio padre?" E piange.

Tomul stavolta risponde adirato e irritato da quell'esplosione d'irrazionalità: "Ma tu hai la febbre, Gulmalik! Sono seriamente preoccupato per le tue facoltà mentali!"

"Io amo molto mio padre, ma ancora di più amo te. Io per te sono pronta a tutto".

Allora Tomul con dolcezza bacia la moglie.

"Vai nelle tue stanze. Adesso penserò a cosa fare."

Steppa, giorno 1362. Timur e Hussein cavalcano insieme, seguiti a breve distanza dalle rispettive scorte.

"Sono contento che siamo diventati parenti e che hai sposato mia sorella. Ora siamo come fratelli!" proclama con soddisfazione Hussein.

"Certo! – gli fa eco Timur – I parenti devono essere uniti. Tu però, non mi dici tutto. Tu sei triste! Cosa è successo di grave?"

"Hai ragione, Timur! È successo che i miei soldati a Gherat si sono sollevati, vogliono uccidermi! Il mio luogotenente, Bakir, ha preso il potere".

"Non sei, forse, abbastanza ricco da distribuire doni ai rivoltosi?"

"Non so. Dicono che sono avaro, spilorcio. La gente è diabolica! Quante chiacchiere, quante congetture, quando tu hai sposato Aldjan!"

"Farò qualsiasi sforzo per stornare da te il pericolo!"

"Ti ringrazio. E se il mio destino è la morte, meglio che venga allora dalla tua mano sincera, Timur". E digrigna i denti in una sarcastica risata.

"Non mi piacciono questi scherzi. Mi sembra che chi scherza così, stia tramando a sua volta qualcosa!"

"Scusami, ti prego, scusami! Mi sono comportato male, ma intorno a me ci sono solo intrighi e tradimenti. Sono stanco di essere un asino generoso che gira in tondo e macina il grano per i suoi sorveglianti".

"Ma cosa dici? – si meraviglia Timur – Parli per indovinelli?"

"Dopo te lo spiego! Guarda. Anche mio nonno Kasgan è andato a caccia".

In lontananza si vedono dei cavalieri.

Timur si alza sulle staffe per scrutare l'orizzonte.

"E con lui, sembra, alcune persone fidate".

Hussein ride. "Stavo parlando proprio di queste persone cosiddette fidate, sono loro i principali nemici".

Ghiera, mura e città, sera 1362. Il sole sta per tramontare. Hussein e Timur si avvicinano a Gherat. C'è silenzio, non si vedono bruciare neanche i falò dei corpi di guardia. Tutto sembra addormentato.

"Le porte sono spalancate, forse è una trappola!" sussurra Hussein.

"Piano, manteniamo la calma!" fa eco Timur colpendo con la frusta il cavallo e lanciandosi al galoppo in direzione della città, così da costringere anche gli altri a seguirlo. Il drappello si arresta davanti alle porte. Le strade sono immerse completamente nel buio.

Solo Hussein pare ora tranquillizzato dal silenzio:

"Io vado avanti, conosco queste strade e so orientarmi meglio di voi. Vado verso il centro, e, tu, Timur, rimani invece qui: così, in caso che il nemico attacchi da fuori, potrai difendere i soldati entrati in città".

"Va bene! Aspetterò un tuo segnale!"

Nel centro della città, non lontano dal luogo delle esecuzioni, Hussein e i suoi soldati smontano da cavallo. Salgono gli scalini di pietra scura in direzione della terrazza. Entrano in un palazzo sontuoso. Ma, appena superato un angolo, s'ode un ruggito minaccioso. Un soldato grida spaventato fermandosi di colpo.

"Un leone!"

Di nuovo il ruggito. Si ripete ad intervalli regolari. Lo accompagna un fischio ritmico come quello di un uccello. Hussein porge l'orecchio.

"Stupido! Ma quale leone! Questo è il russare di una persona grassa con la pancia strapiena, che prima di dormire ha mangiato almeno tre scodelle di ravioli. Questo è Bakir che ronfa! Riconosco il suo modo di russare!"

"Ma allora chi è che fischia?" si stupisce il soldato.

"Sto cercando di indovinarlo!"

Entrano, con circospezione, all'interno della stanza in penombra, illuminata solo dalla luce della luna. Bakir è sdraiato su di un letto basso, un enorme rotolo di carne che, a bocca spalancata, russa fragorosamente a intervalli regolari! Il rumore assordante non sveglia tuttavia un giovane magro ed effeminato che dorme raggomitolato sul bordo del letto, emettendo un leggero sibilo dal naso. Tutto intorno, in grosse ciotole, resti di cibo raffreddato, mele e grappoli d'uva schiacciati sparsi sul pavimento.

Hussein sussurra con una smorfia: "Liberatevi di questo uccellino!", e indica il giovane addormentato.

"Certo! Me ne occupo io!" fa il soldato ormai sicuro di sé.

Si avvicina e preme il palmo della mano sulla bocca del malcapitato, con uno strappo lo tira giù dal letto. Poi, gli si lanciano tutti addosso. Bakir sta dormendo così profondamente che continua a russare anche quando lo afferrano per il collo.

Come tutte le persone paurose, rese audaci dal successo, Hussein diventa di buon umore. Così, rivolto a Bakir, che ha finalmente aperto gli occhi, si mette a fare il duro.

"Adesso capisci, Bakir, che per amore di piaceri che non valgono nulla, tu hai tradito il tuo buon governatore... Prendetelo e pugnalatelo da qualche altra parte, ma che non sia pulita, perché da questo ammasso di carne, scorrerà solo sangue sporco!”

“E Timur?” chiede un soldato.

“Che entri pure in città! Io glielo permetto!”

Sfidando l’oscurità della notte Hussein esce in strada: la città è già sveglia e si sentono delle urla: “Ecco, è di nuovo tornato Hussein! Ha preso il nostro emiro Bakir!”

Hussein viene circondato dai fedeli di Bakir che lo afferrano e, senza tanti complimenti, lo trascinano verso la forca al centro della piazza. I soldati di Hussein sono pochi per opporre resistenza, la maggior parte di loro si è infatti sparpagliata per la città. Hussein urla terrorizzato, quando all’improvviso compare Timur alla testa dei suoi uomini. I rivoltosi, presi alla sprovvista, lasciano allora andare il prigioniero e si arrendono. Hussein, una volta libero, con la superbia del fanfarone, ed anche ringalluzzito dallo scampato pericolo, si siede su un mucchio di pietre e accoglie Timur con un sorriso benevolo e, al contempo, l’aria da spaccone.

“Che tu sia il benvenuto! Io sono di nuovo il reggente di Gherat!”

“Noi siamo i reggenti di Gherat!”, replica Timur incollerito per la mancanza di riconoscenza del suo alleato.

“Ma sono stato io ad entrare per primo in città, mentre tu sei rimasto fermo alle porte. Perciò dividere il potere con te non sarebbe giusto!” si scandalizza Hussein.

Ma Timur non perde la calma. “Quando ci siamo messi d’accordo, non conoscevo ancora il tuo carattere. Comincio ora a capirti! Ti sei impa-

dronito di Gherat con il mio aiuto, e non hai intenzione di mantenere la promessa di spartire il potere? Sei un cane!"
Timur frusta il cavallo ed esce dalla città insieme ai suoi uomini.

Steppa, tenda di Kasgan, notte 1364. Il buio pesto della steppa circonda la tenda da caccia di Kasgan. All'interno, Kasgan e Timur siedono davanti ad una fastosa cena. Kasgan parla masticando: "È buono questo posto per la caccia, c'è molta selvaggina!"
"Sì, è stata una battuta fruttuosa – annuisce Timur – Ma non mi piace dove ci siamo fermati per la notte. C'è poca gente in giro e non abbiamo neppure una scorta adeguata".
"E allora? Il mio potere si è rinsaldato dopo la presa di Horesm. Non ho nulla da temere", risponde Kasgan bonariamente.
"Corrono voci che si accingano ad uccidervi".
"Ma chi sarebbero?"
"L'emiro Tomul e Baian Kul".
"Ma tu vedi complotti ovunque, Timur! I miei parenti! Persone a cui ho fatto del bene ed ancora ne farò! Il mio popolo mi ama! Può darsi che io non sia molto colto, ma governo onestamente".
Si sente, proveniente da fuori, un grido acuto subito seguito da un altro.
"Sono gli uccelli della notte che si chiamano", si rassicura Kasgan.
Timur invece sembra preoccupato. "Io vado a vedere il mio cavallo".
Kasgan, appesantito dal vino e dal cibo, cerca però di trattenerlo: "Aspetta, si sta così bene qui, seduti

comodamente, mentre fuori è buio, piove, senti come la pioggia batte sulla tenda? Raccontami invece di Horesm!"

Si sente di nuovo il grido.

"È un uccello notturno!", ripete Kasgan, stavolta però meno convinto e realmente impaurito.

Dietro gli alberi, in un fossato, qualcuno bisbiglia.

"Quanti sono?", chiede Tomul.

Baian Kul risponde sussurrando: "Non lo so, credo che non siano molti. Noi siamo in sette armati di sciabole, bastiamo per farli secchi".

Tomul allora si nasconde il viso con un fazzoletto e dà il segnale.

"Andiamo! Non possiamo perdere l'opportunità di prendere due piccioni con una fava eliminandoli tutti e due in un colpo solo. A morte Kasgan e il suo fantoccio Timur!"

Nella tenda intanto Kasgan, infiacchito dal caldo, continua a non rendersi conto del pericolo che sta correndo.:

"Ho sentito dire che i cittadini di Horesm sono molto ospitali. Se arriva da loro un viaggiatore, se lo litigano e fanno a gara nell'ospitalità, spendono soldi, come invece altri gareggiano nel metterli da parte".

Giunge all'orecchio un fruscio, qualcuno ha inavvertitamente calpestato un ramo secco.

Timur allora s'insospettisce: "Io vado a vedere il cavallo!"

Esce dalla tenda e si accorge delle persone che in fila si stanno avvicinando. Corre dentro la tenda, afferra Kasgan, che non si rende conto della situazione, e lo trascina fuori sussurrandogli:

"Dietro quel sasso".

"Ma che succede?"

In quel preciso istante, i cospiratori piombano nella tenda. Tomul grida, colpendo tutto con fendenti e dando calci rabbiosi ai redi del cibo: "Oh! Diavolo, è scomparso!"

"Non può essere andato lontao! Bisogna cercarlo!" urla Baian Kul.

Timur monta velocemente a cavallo e si lancia al galoppo verso i cospiratori uccidendone due. Al rumore accorrono i cacciatori che fanno allontanare sotto scorta Kasgan. I cospiratori fuggono via perdendosi nella notte della steppa.

Samarcanda, camera da letto del palazzo di Kasgan, notte 1364. L'emiro, ammalato e spaventato, giace sul letto. Geme e si lamenta.

"Avevi ragione Timur, avevi ragione! Ma perché vogliono uccidermi? E non avranno pace fino a che non ci riusciranno! Bisogna scovare i traditori!"

"Secondo alcune notizie in mio possesso, Tomul, temendo la vendetta, si è rifugiato sulle montagne".

Kasgan geme. "Oh, Dio mio! Per che cosa mi punisci? E tu, Diavolo, perché seduci gli uomini al male? Mio genero vuole uccidermi! Ohi, ahi! Mia figlia Gulmalik, moglie di Tomul, addolorata per la fuga del marito, si è ammalata seriamente ed è fuori di sé! Ho paura che impazzisca".

"Lei sapeva che suo marito voleva uccidervi!" precisa spietatamente Timur.

"Non ci credo! Non ci credo! Non posso crederci! Ma dove sta la verità? Non lo credo! Lei mi ama così tanto! La ragione mi vieta di crederlo!" si ribella Kasgan.

"Se non avete fiducia nella vostra ragione, oh generoso Kasgan, abbiate allora fiducia nei vostri occhi!"

Kasgan annuisce con tristezza. "Sì, sono obbligato a credere ai miei occhi. Sono arrivati correndo con i pugnali e hanno squarciato la mia tenda ... Io ti ho donato alcune fortezze, in particolare Horesm e Sagman, e da esse tu raccoglierai tributi così da distribuire generosi regali tra i tuoi soldati. Ma io, d'altronde ne ho forse elargiti pochi? Perché tutti mi odiano? Dimmi Timur, tu mi sei fedele?"

"Vi sono fedele, come un figlio!"

"Lo so, lo so! Tu lo hai dimostrato, ma lo chiedevo così. Come governatore che desidera far bene al proprio popolo, ho deciso, dopo la mia morte, di darti tutto il mio potere. Tutto nelle tue mani, nelle tue forti mani, sei d'accordo?"

Timur stavolta non riesce a nascondere l'emozione: l'ambizione di tutta la sua vita sta finalmente per realizzarsi.

"Sono d'accordo! Io sarò degno della vostra fiducia, grande e generoso emiro Kasgan! Sono pronto a prendere su di me la pesante e gloriosa responsabilità del potere!"

"Allora chiamiamo lo scriba e facciamo una carta".

Si avvicina lo scriba e Kasgan comincia a dettare.

"In nome di Dio Onnipotente, Grande e Generoso, io lascio tutto il potere sul Turan all'emiro Timur della tribù Barlas ..."

Timur ascolta, trattenendo a stento la gioia.

Montagne, rifugio di Tomul, notte 1364. L'esule, l'emiro Tomul, tremante dal freddo, arrostisce della carne sul fuoco. Il legno umido brucia male, emanando più fumo che fiamme Tomulo impreca con rabbia.

"Che vada tutto al diavolo! È colpa di Timur, se mi trovo adesso qui!"

Si sente un fischio. Tomul scatta in piedi ed afferra la spada, guarda da dietro una roccia. Sua moglie Gulmalik, seguita da alcune schiave, sta salendo per il sentiero che porta da lui.

Tomul accoglie la moglie con un diavolo per capello. "A momenti muoio, non credevo di farcela ad aspettarti! Mi hai portato la mantella calda?"

"Non ho potuto liberarmi prima! – si giustifica Gulmalik – Timur ha messo i suoi uomini ovunque, ormai comanda lui e non mio padre!"

Trascina Tomul in un angolo:

"Mi sei mancato, sai?"

Tomul batte i denti per il freddo e reagisce con irritazione alle insistenze della donna. "Svelta dammi la mantella! Di giorno qui fa caldo, ma di sera o al mattino fa un freddo cane".

"Adesso ti do una notizia che ti farà stare sui carboni ardenti! Mio padre, Kasgan, ha designato Timur erede ufficiale e ha già sottoscritto un documento in tal senso".

Tomul comincia a dare in escandescenze.

"Che mostro! Che mostro! Tuo padre è un asino che avremmo dovuto uccidere, è un montone a cui avremmo dovuto tagliare la gola già da tempo! Lui dà via le nostre proprietà, la nostra terra, la nostra fortuna a questo Timur! Bisogna essere ciechi, per non vedere come egli finga! Si sta prendendo gioco di noi! Se lui assumerà il potere ci distruggerà tutti".

Gulmalik accarezza la fronte sudata e i capelli arruffati del marito. "Calmati – gli suggerisce – Urlare non serve a niente! Io conosco mio padre, escogiteremo qualcosa!"
"Sì, solo voi donne potete essere d'aiuto, solo voi, con la vostra furbizia".
Ciò detto l'attira a sé, alla tenue luce del fuoco ormai quasi spento.

Samarcanda, interno del palazzo di Kasdan. Camera da letto, notte 1364. Kasgan, ormai ristabilito, mugulante di piacere, è seduto con i piedi immersi in acqua calda e profumata, mentre due barbieri si danno da fare intorno a lui, uno lavandogli la testa e l'altro tagliandogli le unghie dei piedi. All'improvviso si odono le grida isteriche di una donna provenienti da una stanza attigua:
"L'aria si è offuscata! Le terre sotto una coltre di sangue non si vedono più! Il sole è afflitto per ciò che avviene e non aspira a guardare queste ignominie!"
Kasgan sussulta alzando gli occhi preoccupato.
"Che succede? Chi è che grida queste strane parole?"
Prima che qualcuno possa rispondere, entra Kuraliash, la moglie di Kasgan: indossa un lungo vestito, su una spalla ha una colomba e sull'altra un pappagallo.
"Non riconosci, forse, la voce della nostra amata figlia Gulmalik? Non riconosci la sua voce? Tua figlia, moglie dell'emiro Tomul, straziata dalla sciagura del marito, ha perso la ragione ..."

Le braccia di Kuraliash si torcono e tremano e per il nervosismo, il pappagallo e la colomba scuotono le ali e cominciano a volare per la stanza.
"Tomul, però, voleva uccidermi!", si giustifica Kasgan.
"Tutte scaltre invenzioni di Timur, ti ha come stregato. Timur, ecco chi veramente vuole la tua morte per diventare governatore. Come hai potuto firmare quel documento? Hai rubato a tuo figlio, ai tuoi propri figli! Oh che dolore!"
Comincia a strapparsi i capelli. Nello stesso momento entra correndo Gulmalik, con addosso la veste funebre con cui si seppelliscono i morti.
"Un'aquila mi ha beccata! – grida Gulmalik – Io, colomba sono stata beccata da un'aquila di nome Timur!"
A questo punto anche Kasgan, ormai fuori di sé, comincia a gridare e a lamentarsi come un animale ferito: "Povera figlia mia! Bisogna chiamare il medico!"
"Soltanto il ritorno dell'amato marito, può curarla! Tu devi scrivere una lettera a Tomul, dove dici che lo perdoni e lo inviti a tornare indietro".
Kuraliash batte le mani e, subito, appare uno schiavo con della carta.
"La lettera è già pronta, devi solo mettere la firma e il sigillo ..."
E il pappagallo posandosi di nuovo sulla spalla della donna fa lugubre eco alla voce di Kuraliash:
"... Mettere il timbro ..."

Montagne, rifugio di Tomul, giorno 1364. Gli uomini agli ordini di Timur, lasciati i cavalli ai piedi della montagna, si inerpicano lungo il sentiero che conduce alla grotta dove si nasconde Tomul.

Timur cerca di stanare il rivale: "Tomul! Se vuoi evitare le torture che meriti, devi ammettere davanti a tutti di aver avuto l'intenzione di uccidere il nostro reggente, l'emiro Kasgan! Lo farai?"

Tomul esce urlando anch'egli con rabbia, con in mano una sciabola, dirigendosi verso Timur: "Sei uno sporco vigliacco! Se l'emiro Kasgan fosse saggio non ti crederebbe!"

Uno dei guerrieri tira la corda dell'arco, ma Timur lo ferma.

"No! Non bisogna rendergli così facile la morte!"

Si lancia verso Tomul, brandendo a sua volta una spada. Tomul vibra dei fendenti tremendi, Timur risponde con dei movimenti precisi e ritenuti. Ben presto riesce a stringere Tomul alla roccia e a fargli cadere la sciabola. Ma proprio in quell'attimo si sente la voce di un messo che arriva al galoppo.

"Nel nome di Dio Clemente e Misericordioso, il reggente del Turan, l'emiro Kasgan, dichiara di avere perdonato la colpa all'emiro Tomul e lo invita a tornare ..."

Timur, senza più forze, abbassa la sciabola. Tomul, si tira su da terra, si scrolla la polvere di dosso e sogghignando si dirige verso il messo che tiene alla briglia un altro cavallo. Timur ha appena la forza per mormorare alcune parole:

"L'emiro Kasgan ha di nuovo cambiato idea ..."

Tomul ora guarda Timur dall'alto in basso e sogghigna di nuovo come una iena. "Ti sei rallegrato troppo in fretta, cane! Abbiamo già l'erede legittimo, il figlio di Kasgan, Abdullà, e tu vuoi prendere il potere infrangendo la legge?"

"Kasgan è un debole! Non lo potrò più aiutare!",
mormora avvilito Timur.

Interno del palazzo di Kasgan, stanza di Timur,
notte 1367. Timur pensieroso, in silenzio, siede
davanti ad uno specchio. Ha l'abitudine di sedersi
a lungo davanti ad uno specchio e, guardando la
sua immagine riflessa, di fantasticare o di
elaborare i suoi piani. Aldjan cerca di scuoterlo
posandosi la sua mano sul pancione, per fargli
percepire i movimenti del bambino che, tra non
molto, felice madre, darà alla luce.
"Stai riposando? Ti disturbo?"
Timur è distratto: "Cosa?"
Aldjan ripete: "Ti disturbo?"
Timur allora bacia la moglie sulla fronte: "Sono
sempre contento di vederti!"
"È vero che verrà da noi il nonno?"
"Quale nonno?" interroga Timur sempre assorto
nei suoi pensieri.
"Mio nonno, l'emiro Kasgan".
"Sì, è vero. Si appresta a tornare a Horesm".
Timur continua a pensare a qualcosa di suo.
"Sono contenta! Ho voglia di vederlo!"
"Anche io!" ripete distrattamente il marito.
"Sono contenta – insiste Aldjan – ma allo stesso
tempo ho paura che gli succeda qualcosa durante il
viaggio ..."
Timur si gira bruscamente verso di lei: "Perché
pensi questo? Sei stata a sentire i pettegolezzi di
tua zia e di tua sorella?"
La afferra saldamente alle spalle e la scuote. La
moglie si mette a piangere.

“Non ho sentito né ho detto niente. Sono preoccupata, ecco tutto!”

“Scusami Aldjan. Oggi sono molto irritato … vari problemi … ieri i Turkmeni hanno attaccato una carovana …”

“È per questo che mi preoccupo! Bisogna andare incontro al nonno!”

“Io stesso gli andrò incontro con i miei soldati – Abbraccia la moglie – Tu devi riguardarti per lui …”

Aldjan appoggia dolcemente la testa sulla spalla del marito. “Timur, non mi decido mai a chiedertelo, ma per quale ragione un uomo è superiore ad una donna?”

“Non sei d’accordo?”

“Certo, sono d’accordo, dal momento che è anche scritto sul Corano. Ecco, è detto qui: (Legge) ‘Gli uomini sono superiori alle donne per quelle qualità, con le quali Dio li ha posti più in alto rispetto a loro. Questi esseri imperfetti, creati per l’uomo, sono, però, pieni di furbizia’. Si dice questo di tutte le donne. Ma, sono forse tutte uguali?”

“No. Ci sono donne virtuose, servizievoli e sottomesse che, durante l’assenza del marito, conservano con cura quello che Dio Onnipotente ha ordinato di mantenere integro. Tu capisci, cosa è scritto nel Corano?”

“Certo. Evitare l’accoppiamento con altri uomini? Ma sono forse uguale a mia zia?”

“Ma quale zia?”

“Mia zia Gulmalik. Quando io ero proprio piccola l’ho vista accoppiarsi con mio fratello Hussein. Bruceranno, per questo, nella pece bollente?”

"Sì, bruceranno nella pece bollente. Adesso vai nelle tue stanze, riposati, io devo ancora pensare."

Shahrisiabs, fiume, giorno 1367. Timur e Said cavalcano alla testa di un reparto di uomini armati.

"Sono d'accordo con l'emiro Kasgan di incontrarci presso il fiume Djehun – spiega Timur al suo aiutante – Lasciamo qui i soldati e proseguiamo a piedi noi due".

"Ma qui è pericoloso! Questo è un posto di banditi, perché ci avventuriamo senza scorta?"

"Fa quello che ti dico!"

Timur si avvicina alla macchia lungo la riva e scende da cavallo.

"Smonta anche tu!" fa sottovoce a Said.

Con cautela sposta i rami del cespuglio. In lontananza, nella parte alta del fiume, cavalca Kasgan, assieme ad alcune persone. Timur appoggia un dito sulle labbra.

"Rimani sul posto, qualsiasi cosa possa succedere!"

"Ma Timur ..." obietta Said.

"Obbedisci!" è il perentorio ordine di Timur.

All'improvviso si ode uno scalpitio, come di qualcuno che stia conducendo un cavallo al passo. Appaiono l'emiro Tomul e Baian Kul con dei soldati di scorta.

Tomul sussurra credendosi inosservato: "Eccolo! Allora, il servo traditore di Timur non mi ha ingannato. Effettivamente si incontreranno qui".

"Kasgan è disarmato – osserva Baian Kul – facciamolo a pezzi, prima che arrivi Timur".

"Bisogna agire in fretta!" gli fa eco Tomul.

Salta sul cavallo ed esce dalla macchia. Dietro di lui tutti gli altri.

Kasgan vede Tomul e sorride ingenuamente.

"Ah, sei qui! Io qui dovrei incontrarmi con Timur. Bei posti per andare a caccia!"

Tomul sorride a sua volta. "Sì, molto belli, posti meravigliosi, indicati soprattutto per la grossa selvaggina!"

Si avvicina, estrae la sciabola e colpisce Kasgan. Gli altri si occupano dei servi. Kasgan, sanguinante, cade da cavallo e gridando corre verso il fiume. Malgrado le ferite e il suo peso, corre veloce, continuando a gridare. Lo raggiungono a fatica e lo colpiscono e trafiggono con vari coltelli e spade. Da dietro i cespugli, Said sta per lanciarsi, ma Timur lo afferra saldamente per le spalle.

"Non farlo! Perché mi guardi, Said? Ti sembra forse poco che io stia piangendo? Piango lacrime amare, guardami! Tutto il mio viso è coperto di lacrime. Guardami! – lo afferra furiosamente per il bavero e lo tira a sé – Vedi sto soffrendo! Che persona meravigliosa sta morendo, buona, buffa, fiduciosa! Addio, caro Kasgan, addio! Avresti potuto essere un buon giardiniere, ma eri un cattivo reggente. Addio, buon Kasgan, noi ci vendicheremo dei tuoi assassini!"

Said sussurra, anche lui asciugandosi le lacrime: "È tutto finito. Lo hanno ucciso".

Il corpo di Kasgan, coperto di sangue, giace ora immobile. Gli assassini fuggono attraverso la macchia. Timur salta in groppa e si avvicina al galoppo al cadavere dell'emiro.

"Assassini! Sono arrivato troppo tardi! Sono arrivato troppo tardi! Avete ucciso il reggente! Che infame delitto!". E continua a gridare.
Ben presto, tutto intorno si radunano i soldati, comincia ad arrivare di corsa la folla, testimone delle lacrime di Timur.

Samarcanda, piazza, giorno 1367. La folla urlante si rovescia nelle strade di Samarcanda.
"Che tu sia benedetto! Timur, nostro nuovo reggente!"
"Io sarò un signore giusto! – si compiace Timur – E con grande dolore, seppelliremo il corpo dell'emiro Kasgan, tributandogli tutti gli onori, sulla riva del fiume Djeihun!"
"Gloria a Timur! Gloria!"
In una delle stanze del palazzo, intanto si sono riuniti Timur stesso, Barlas e Saldur. Il tavolo è pieno di bevande e di cibo. Barlas alzando il boccale propone un brindisi.
"Alla lunga e fraterna unione dei tre emiri! Grazie a te, Timur che hai dato retta ai tuoi parenti!"
Tutti e tre bevono. Saldur, afferratosi la gola, cade in avanti sul tavolo.
"È morto dal troppo vino! Che tristezza! Adesso siamo rimasti in due!" sogghigna Barlas all'indirizzo di Timur che resta seduto senza lasciar trapelare la sua inquietudine.
Intanto attacca una musica. Timur e Barlas sono distratti, mentre viene portato via il corpo di Saldur, dalle ballerine che danzano. I servitori collocano però un'altra sedia proprio vicino a loro.
"Chi ha ordinato una terza sedia?" si stupisce Barlas.

"L'ho ordinata io! – svela Timur – Il defunto ha un figlio: nel nostro triumvirato il potere di suo padre passa ora a lui".

"Non abbiamo bisogno del figlio! Adesso siamo rimasti noi due!"

"No! Dobbiamo riconoscere i suoi diritti, se vogliamo essere giusti! Non dimenticatevi che Kasgan ha lasciato tutto il suo potere a me solo! Ma io l'ho diviso con voi, miei parenti".

"Ma il potere che scaturisce dal nostro patto è puramente personale, non è ereditario! Noi ci eravamo messi esplicitamente d'accordo così! Oltretutto, il figlio di Saldur è un coglione! Dobbiamo spedirlo in esilio il più lontano possibile, dove non possa fare danni".

Il giovane Baian si avvicina e si siede sulla terza sedia. Sorridendo alle ballerine, lancia una rosa a quella che più gli piace. La ballerina sfiora con le labbra la rosa e la getta di nuovo a Baian che, a sua volta, la sfiora con le labbra anche lui. Barlas ne approfitta per sussurrare all'orecchio di Timur:

"È un adultero! Ci disonorerà! – voltandosi poi verso Baian aggiunge a voce alta – È pericoloso baciare una rosa, rispettabile emiro Baian, perché una rosa può essere avvelenata quanto il vino. A volte, nei petali chiusi delle rose si nasconde un moscerino velenoso!"

Baian butta via la rosa, spaventato.

"No, Zio! Non sta bene liberarsi degli alleati col tradimento", esclama Timur.

Barlas allora mostra tutta la sua irritazione nei confronti di Timur: "Sei tu quello che vuole fare il furbo qui dentro! Tu hai bisogno di questo stupido per tramare contro di me! Tu vuoi rimanere da solo al potere, ma gli altri emiri del Turan non te lo permetteranno!"

Samarcanda, Palazzo di Timur, camera da letto, notte 1367. Timur, seduto davanti al suo specchio preferito, fa alcune riflessioni: "Ho già 31 anni, è ora di diventare grande emiro. Aspiro da tempo a governare da solo. Anche il popolo è d'accordo. Ma capisco che raggiungere un tale potere ora, è praticamente impossibile! Il nostro paese è come una casa senza porte e finestre. Qualsiasi nemico potrebbe impadronirsi senza difficoltà delle nostre terre. Siamo come sterco di cammello sulle strade – rivolto a Said rimasto fino a quel momento nella penombra – Tu che cosa mi consigli?"
"Bisogna dividerli e batterli uno dopo l'altro, fare in modo che litighino fra di loro".
Timur prende a camminare nervosamente per la stanza.
"È chiaro che con un colpo di mano non otterrei nulla! Mi può essere d'aiuto solo l'astuzia ... - Si avvicina allo specchio e si guarda - ... Devo proporre ad entrambi di allearsi con me contro l'altro, solo così potrò aizzarli al punto che si sbranino a vicenda".

Badakshan. Sera 1367. Nel palazzo dell'emiro regna il panico. L'emiro, Sul, semivestito, esce correndo dall'harem, dove ha saluto dell'arrivo di Bugai. A fatica l'emiro Djara viene trovato nel bagno turco e l'emiro Djulai, assopito nel giardino.
Sul grida: "Dobbiamo chiedere a Timur di aiutarci contro il maledetto Bugai".

"Ma lui in cambio vorrà le nostre città!" obietta Djudai.

Badakshan, mura e steppa, giorno 1367. L'armata di Bugai si muove nella steppa. Si sta avvicinando alle mura di Badakshan.
"Grazie a Dio – si compiace Bugai – ora sciogliamo un po' i muscoli, rimettiamo in movimento il sangue. Che voglia di agitare la spada e di menar le mani!"
In quel momento arriva al galoppo un messo che gli reca una comunicazione scritta.
Bugai ha un moto di sorpresa. "Ma che diavolo è?" Dopo aver letto tira rabbiosamente le redini del cavallo.
"Torniamo indietro!"
Il comandante della guarnigione non capisce.
"Ma come! Non volete più annettervi Badakshan?" Bugai impreca.
"Ma quale Badakshan! Torniamo indietro, a casa! Il maledetto Hadjà, approfittando della mia assenza, si è impadronito delle nostre terre, compiendo atti al di fuori della legge".
Assiepata sulle mura della città la folla, vedendo l'armata nemica fare dietro front, strepita di gioia. Gli emiri si abbracciano.
"Bugai sta andando via!"
"Gloria all'Onnopotente!"
"Gloria a Timur! Dobbiamo sottometterci a lui se vogliamo stare tranquilli anche in futuro".

Balkh, strade, sera 1367. L'armata di Bugai irrompe furiosamente in città. I guerrieri di

Mohamed Hadjà fuggono via. Bugai si agita come un indemoniato:
"Servo del Diavolo! Non mi basta di aver cacciato Hadjà dalla mia città come un cane rognoso, ma lo punirò per la sua arroganza. Gli farò guerra! Prenderò la sua Shibargan e distruggerò tutto, la raderò al suolo. Porco! Voleva fottermi! Ma giuro: gli taglierò quella parte con cui trova piacere nell'harem! Ordinerò che sia cotta, e lo obbligherò a mangiarsela con aglio e cipolla", e così dicendo scoppia in una risata cattiva, quasi feroce.

Samarcanda. Palazzo di Timur, camera da letto, giorno 1367. Timur legge un libro e copia quelle parti che più lo colpiscono.
Entra Said.
"Vostra Eccellenza!"
"Ti ho chiesto di non chiamarmi così. Io per te sono sempre il tuo compagno di scuola".
"È arrivata una lettera urgente da parte di Mohamed Hadjà!"
"Cerca aiuto?"
"Sì".
"E noi lo aiuteremo! Dobbiamo salvare Shibargan dall'invasione di Bugai. Voglio regalare ad Hadjà la sua stessa città!"
"L'esercito deve mettersi subito in marcia?"
"Verso sera, verso sera! Non c'è bisogno di affrettarsi. Facciamo aspettare Hadjà. Quanto più tremeranno dalla paura, tanto più saranno fedeli e devoti".

Camera di Aldjan, quella stessa notte. Il bambino, in braccio alla felice Aldjan, piange. Timur lo prende e lo stringe al petto, è visibilmente commosso.

"Questo è stato un anno per me fortunato, come dicevano i presagi: i tre pianeti – Luna, Giove e Venere – sono disposti in modo propizio, secondo il profeta. Per questo io do a mio figlio il nome di Maometto. Inoltre, quest'anno, ho cominciato le mie conquiste e per questo al nome di Maometto, aggiungo il nome di Djahanghir, signore del mondo".

Bacia la moglie e il figlio.

"Vai, ora, nelle tue stanze. Ho bisogno di pensare ..."

Seduto davanti allo specchio, si guarda a lungo negli occhi: "Hussein o Barlas? Chi è più pericoloso ora? Hussein o Barlas? Said, alcune spie mi hanno informato che il genero di Barlas ha in mente una congiura contro di lui, per mettere al suo posto il proprio figlio",

"Sì, ci sono queste voci" annuisce Said.

"Ecco che cosa ho pensato, Said: mi sembra giusto fare in modo che Barlas sappia delle intenzioni del genero. Sì, certo, trovare il modo di farglielo sapere segretamente".

"Ma non dobbiamo esserne piuttosto contenti? Così ci si può sbarazzare del perfido nemico che Barlas è diventato!"

"Ci ho pensato, Said. Naturalmente, sarebbe un bene liberarsi di Barla, ma lui è un vigliacco ed uno stupido, mentre suo genero, come mi è stato detto dai miei informatori, è una persona intelligente. Di conseguenza è pericoloso! Barlas sicuramente giustizierà il genero e mi sarà, per giunta, riconoscente ...".

È una sera piovosa e con un forte vento. Timur, prima di dormire, si appresta alla preghiera della sera, ma viene interrotto da Said che torna per comunicargli che Barlas chiede di vederlo urgentemente.

Barlas si mette subito a piagnucolare e a snocciolare ringraziamenti non appena è al cospetto di Timur.

"Ti sono così grato! Se non fosse per te, sarei già morto. Volevano sgozzarmi questa notte. È merito tuo se non mi è capitata una disgrazia. Ti comporti come un vero parente!"

"Vuol dire che invece di questa fredda serata, voi adesso ammirereste i giardini celesti, zio, ascoltereste musica del paradiso!", celia Timur.

Barlas sorride: "A te piace sempre scherzare!"

"Scherzi? Quali scherzi? Zio, perché avete le mani sporche di sangue?"

Barlas si dà un'occhiata alle mani, ma distrattamente come se la cosa non lo riguardasse.

"Cosa? Sangue? Ah sì! Infatti ... ma avevo tanta fretta di venire qui per ringraziarti, che non ho avuto neanche il tempo di lavarmi le mani. Anche i miei vestiti erano pieni di sangue, ho fatto appena in tempo a cambiarli, ma nella fretta non mi sono lavato le mani. Non ho voluto aspettare il boia! Te lo dico apertamente, ho ucciso io mio genero e sua moglie. Ero fuori di me, tu mi devi capire, se tu non mi avessi avvisato, mi avrebbero ucciso! Crudeltà, ovunque crudeltà! Hai sentito che cosa ha fatto l'emiro Hussein? Si è impadronito del Badakhshan e senza nessun motivo ha giustiziato tre emiri".

"Per una simile azione – sentenzia gelidamente Timur – riceverà il castigo, il giorno del Giudizio Universale!"

"Eppure tu ti fidavi ciecamente di lui!"

"Mi sbagliavo. Non sapevo che nel suo carattere sono confluite, in modo bizzarro, determinate particolarità simili ai quattro elementi della natura".

"Ma, cosa stai dicendo? Quali elementi?" si stupisce Barlas di quello strano discorso.

"Quelle caratteristiche – prosegue imperterrito Timur – che purtroppo non appartengono solo ad Hussein, i quattro difetti: invidia, avarizia, avidità e presunzione!"

"Allora sono d'accordo con te! E, come esempio, prendiamo quel vigliacco di mio genero! Detto tra noi, anche mio nipote sapeva che il padre stava preparando un attentato. Voglio chiederti un consiglio, non è il caso di disfarsi anche di lui?"

"Ma, zio! Si possono forse dire queste cose? Condannare a morte il proprio nipote!"

"Ma lui sapeva che dovevano uccidermi, voleva prendere il mio posto!"

"Non potrebbe anche essere, in parte, colpa vostra, zio? Vostro fratello, mio padre, si è ritirato a vita privata volontariamente ed ha lasciato il proprio posto a me. Anche voi siete già vecchio, zio! Può darsi che anche per voi sia venuto il momento di ritirarvi a vita privata".

"Hai ragione – ammette Barlas – sei intelligente! Capisco perché l'emiro Kasgan abbia voluto che tu diventassi l'erede e il reggente. Noi abbiamo bisogno di uno come te, con uno come te regnerà la pace!"

"Ma non siete stato voi, zio, a parlare delle mie esagerate ambizioni?", obietta Timur gelidamente.
"Calunnie, calunnie! Questo Djalair, che appartiene ad un'altra tribù, ecco, è lui effettivamente tuo nemico! Per quanto mi riguarda, non hai un amico migliore di me! Se vuoi posso giurartelo sul Corano!"
"No, zio, non c'è bisogno di altri giuramenti".
"Ma adesso mi credi?"
"Vi credo se ascolterete il mio consiglio e perdonerete il vostro smarrito nipote! Solo allora vi crederò".
"E allora, che sia così! Mi hai convinto! Sono felice che ci siamo riappacificati!"
Barlas va ad abbracciarlo, ma Timur si tira indietro.
"Scusate, zio, ma io ho già compiuto il rito del bagno, e le vostre mani sono piene di sangue ..."
Licenziato Barlas, avverte Said: "Sono stanco morto, vado a letto prima del solito, svegliami solo in caso di notizie molto importanti e urgenti".
Coricatosi, Timur si addormenta subito profondamente e sogna di trovarsi sulla riva di un grande fiume. In piedi, tira una rete che copre l'intero corso d'acqua, così da pescare tutti i pesci del fiume in un colpo solo.
"È un segno del tuo grande e glorioso regno – dice una voce dal cielo – che sarà così potente, che tutti i popoli della terra dovranno sottomettersi a te".
Improvvisamente si ritrova nella sala del trono. Sa di sognare? Probabilmente sì, ma gli fa immensamente piacere lasciarsi andare a quell'illusione. Sente una musica celestiale. Due angeli lo

prendono per le mani e lo mettono di peso a sedere sul trono.

Primo angelo: "Mi congratulo con te per esserti assiso sul trono del grande Khan!"

Secondo angelo: "Tu dovrai lasciare questo potere ai tuoi eredi".

In quel momento si sente un rumore e il trono su cui è seduto Timur comincia a vacillare. Udendo bussare Timur apre gli occhi.

"Chi è?"

Entra Said. "Una notizia urgente. Il messo ha portato una lettera".

È ancora buio, sta cominciando ad albeggiare. Timur prende la lettera e legge.

"Io, Turgluk, nipote di Gengis Khan, figlio di Hakan, Khan di Djetà, ordino che tu ti unisca a noi con tutto il tuo popolo e i tuoi guerrieri ... Il destino mi sta sottoponendo a nuove prove. Quanti ostacoli sul mio cammino!"

"È il caso di radunare l'esercito?", chiede incerto Said.

"No. Potrebbe essere la rovina. Tugluk è troppo più forte di noi ..."

Si fa giorno. La steppa nei pressi di Samarcanda è scossa dal galoppo dei cavalli dei Mongoli. Tugluk, la cui rassomiglianza col nonno Gengis Khan è impressionante, galoppa alla testa della sua potente armata. La popolazione locale fugge spaventata da quell'inarrestabile massa umana in movimento.

In città, si assiste alle stesse scene di panico. Molti hanno raccolto le loro masserizie sui carri per cercare una via di scampo. Si sentono ovunque urla di terrore. Timur, sulla terrazza dei suoi appartamenti, osserva con calma apparente il frenetico fuggi fuggi dei suoi sudditi. Anche Barlas è terrorizzato, entra correndo, inciampa, finisce tra le braccia di Timur.

"Hai ricevuto una lettera dai Mongoli?" chiede con voce tremante.

Timur annuisce.

"L'abbiamo ricevuta solo in tre, io, tu e Djelair!", precisa Barlas.

"Significa allora, che Tugluk sa quali sono gli emiri principali e non tiene conto degli altri. Lui è un grande sovrano!"

"Ti sottometterai?"

"La lettera contiene un ordine così minaccioso da non ammettere repliche".

"L'emiro Djalair con il suo popolo e con i doni è già partito per inchinarsi davanti a Tugluk. Tu, che cosa mi consigli?"

"Consiglio anche a te di startene calmo!"

"Questo non è un buon consiglio!"

"Tieni presente che a Tugluk si sono uniti molti nemici della nostra tribù e parecchi tuoi nemici personali. Ho sentito dire che c'è anche Tomul".

"Io non aspetterò che mi taglino la testa, me la filo a Horasan! E tu?"

"Devo pensarci!" prende tempo Timur.

"Sì, pensa pure! Fino a che Tugluk non ti cucinerà come un montone in pentola! Anche il montone pensa, ma finisce sempre nel paiuolo!" Ride nervosamente e scappa via.

"Magari ha ragione, è il momento di fuggire!", suggerisce Said.

Timur non risponde e continua a scrutare l'orizzonte chiaro, là dove la steppa e il deserto si confondono in un unico mare di luce e silenzio.

Shahrisiabs, casa di Taragai, notte 1367. Il padre di Timur, moribondo, giace abbandonato sui cuscini tenendo per mano il figlio che a stento trattiene le lacrime. Il mullah legge sottovoce il Corano:
"Dio stesso farà pace per coloro che hanno peccato per ignoranza e ne sono pentiti".
Taragai bisbiglia qualcosa nell'orecchio del mullah:
"Ricordati che siamo tutti schiavi di Dio. Sii grato per la pietà che ti è stata data. Ripeti continuamente il nome di Dio, professa la sua unità, onora le sue leggi e non fare quello che è proibito ..."
"Non serve il pentimento a chi pecca costantemente e solo all'avvicinarsi della morte grida: io sono pentito! Nessuna pietà per coloro che muoiono non credendo in Dio! Terribile sarà il castigo".
Taragai risponde a fatica: "Non sciogliere i nodi parentali, non fare del male a nessuno, tratta con amore il Creato, perché creato da Dio ..."
Ma il suo devoto discorso viene interrotto dalla morte. Timur vorrebbe restare da solo, a meditare sulla salma del padre. Ma il tempo stringe, Said è costretto a ricordarglielo.
"Tugluk ha scritto un'altra lettera".
"Lo so. È irritato per il mio indugio, mi ha mandato incontro un intero reggimento al comando dello scià Hadjà Muhammad, a scanso di equivoci. Dobbiamo raggiungerlo al più presto per tran-

quillizzarlo prima che si faccia venire strane idee
..."
"Noi siamo pronti".
Timur esce in strada accompagnato come un'ombra dal fido Said; ovunque s'incontrano uomini armati fino ai denti e una folla straboccante ed inferocita.
Timur allora si ferma a parlare alla gente per farla ragionare: "Hakhan Tugluk vuole che vada d lui! Egli esige la mia sottomissione!"
Ma si ode, per tutta risposta, un solo coro di voci: "Non vogliamo sottometterci a Tugluk!"
"Capisco ciò che provate, ma ora non ha senso indignarsi e partire lancia in resta contro i Mongoli! Ora come ora sono troppo forti" ammonisce Timur.

Steppa, giorno 1367. Andando incontro a Tugluk per sottomettersi, Timur s'imbatte in migliaia di persone ferite, percosse o addirittura straziate dalle torture. Qualcuno lo riconosce e si fa avanti.
"Aiutaci, emiro! Salvaci dall'invasione dei Mongoli!"
Timur abbassa la testa passando vicino alla sua gente umiliata e disperata. In lontananza, lanciati all'inseguimento di qualche fuggiasco, appaiono i primi reparti degli invasori. I soldati di Timur mettono istintivamente mano alle armi.
"Lasciate stare le armi – intima Timur – Noi marciamo in pace e in amicizia! - Così dicendo si avvicina al comandante del reggimento mongolo. – Generoso scià Mohammed! Io, con i miei guerrieri e i rappresentanti del popolo, sto affrettandomi ad andare dal tuo signore, per recargli i tributi ed

esprimergli la mia devota sottomissione! Accettate questi umili doni. Date ordine, però, di non saccheggiare il mio paese, e, al contempo, vogliate degnarvi di scrivere al vostro signore Hakan una lettera benevola sul mio conto".
Detto questo, Timur smonta da cavallo. Altrettanto fa il Muhammad Scià. Si abbracciano.
"Scriverò una lettera su di te al mio Signore e gli chiederò di fermare i saccheggi", lo rassicura Muhammad.

Campo di Tugluk, alle porte di Samarcanda, quella stessa sera del 1367. Migliaia di tende. Assiepata intorno ai fuochi, l'orda mongola sta mangiando. Tugluk, seduto sul cavallo e circondato dalla sua guardia, è in attesa che Timur, smontato di sella a debita distanza, si avvicini a piedi, per poi inchinarsi davanti a lui e baciare la staffa del suo cavallo.
"Che sia benedetto il tuo arrivo, poiché il tuo nome, Tugluk, significa benedetto!"
Tugluk sorride beffardamente e guarda con aria soddisfatta i carri colmi di ricchi doni:
"Sono contento della tua sottomissione".
"Perdonami, grande Tugluk, ma ho tardato nel venire perché dovevo seppellire mio padre, l'emiro Taragai".
Tugluk stavolta si mostra comprensivo: "Ciò è degno di lode! Il mio valoroso nonno, Gengis Khan, ha sempre reso gli onori agli anziani della sua orda".
Il condottiero dei Mongoli scende da cavallo e invita Timur nel suo accampamento. All'interno

della tenda, Tugluk e Timur bevono tè, mangiano focacce e uriuk.

"Alcune persone che ti conoscono, mi hanno parlato male di te", esordisce Tugluk nel tentativo di spiazzare Timur che, però, non batte ciglio.

"Come ogni persona potente, ho dei nemici".

"Giusto! Anch'io mi trovo, più o meno, nella stessa situazione: mi si stanno rivoltando contro da ogni parte! Proprio ora, mi hanno comunicato che gli emiri di Bukhara hanno issato la bandiera della rivolta. Secondo te, cosa è meglio fare? Marciare io stesso contro di loro e castigarli in modo esemplare, oppure mandare migliaia di uomini al comando di uno qualsiasi dei miei dignitari?"

"Se tu manderai qualcun altro al posto tuo, potrebbero insorgere molti imprevisti. Se invece andrai tu, il pericolo è uno solo. Ed è saggio colui che sceglie di affrontare un unico pericolo".

Tugluk scoppia in una fragorosa risata: "Mi piaci! Sono proprio contento che ti sia unito a me, di tua spontanea volontà. Come rendere il mio potere più sicuro?"

"Guarda questa tenda! La tua grandezza è simile ad una grande tenda che abbraccia tutto ciò che possiedi. I pali che la sorreggono rappresentano la giustizia, le corde su cui poggia il tetto, l'imparzialità; e i bastoni che la sostengono, la verità! Su queste tre virtù deve fondarsi la tua grandezza, come i bastoni, i pali e le corde sorreggono la tenda. Qualsiasi persona può trovare salvezza sotto la sua ombra, mentre colui che le va contro, perirà!"

"Tu mi piaci! – si entusiasma Tugluk – Sei come un fratello per me! Andiamo insieme ad ispezionare le mie proprietà!".

Steppa. Timur e Tugluk galoppano accompagnati dalla scorta. Al loro passaggio tutti si inchinano in segno di sottomissione. Si avvicina l'emiro Djalair che, dopo aver baciato la mano di Tugluk, si rivolge a Timur.

"Ti ringrazio di essere intervenuto, con la tua influenza, presso il grande Tugluk in difesa delle nostre terre! Perdonami di essere stato ingiusto con te!"

"Se un leone spicca un balzo troppo alto – si schernisce Timur – passa sopra l'antilope lasciandola viva e libera!"

"Hai risposto bene – osserva Tugluk ammirato – Vedo che i potenti di questa zona ti rispettano. Come hai ottenuto questo risultato?"

"Premio le persone valide – risponde Timur con semplicità – e cerco di correggere quelli che commettono errori, punendoli".

Così discorrendo giungono alle porte della città. Una delegazione di cittadini chiede di poter leggere un messaro a Tugluk. In lontananza, si scorge una folla agitata.

"Grande Tugluk, noi siamo delle vittime. E ti presentiamo un reclamo contro il tuo seguito, che ha razziato il popolo e continua ad angariarlo ..."

Tugluk si rabbuia: "Avevo proibito di saccheggiare questa gente!" Ciò detto ordina ai comandanti dei reparti di restituire immediatamente quello che è stato rubato.

Scià Muhammad ha però qualcosa da ridire: "I comandanti si sono offesi per questo ordine. Potrebbe anche divampare una rivolta! Anche i soldati non sono d'accordo!"
Timur lancia un profondo sospiro: "I Turchi hanno il cervello stretto quanto i loro occhi! Per ottenere che siano fedeli, bisogna saziare sia i loro occhi che il loro cuore!"
Tugluk ride di nuovo. "Buona risposta! Ma che fare in una tale situazione? Sono imbarazzato ..."
"Non sempre i guerrieri saccheggiano per avidità. A volte perché non gli viene data in tempo la paga. Fornisci i tuoi di tutto il necessario, e dà puntualmente ai loro servi una paga. Il tuo guerriero può anche essere ucciso, ma il suo stipendio deve essergli corrisposto in anticipo".
"Sono molto contento dei tuoi consigli!"

Moschea, poco tempo dopo. Timur e Tugluk pregano insieme all'interno del luogo santo.
"Cosa devo fare? – si confida sottovoce Tugluk – I Kipciachi si ribellano e anche gli emiri si sono sollevati!"
"Io vi consiglierei, valoroso Tugluk, di ritirarvi nella regione dello Djetà, da dove avete invaso Turan. Al vostro posto, lasciate persone di fiducia che conoscano bene questo paese".
"Sono d'accordo con quello che tu mi consigli – Chiama lo scriba e comincia a dettare - ... Io, Hakan Tugluk, per evitare le pretese dei miei nemici e le discordie interne, cedo il Turan a mio fratello, l'emiro Timur. Ora, puoi andare a Samarcanda, come reggente! Tu ami Samarcanda?"

"Io ti ringrazio della fiducia, amo la città di Samarcanda, ma là, attualmente, ci sono troppi nemici. Shahrisiabs sarà la mia capitale!"

Fortezza di Shamadan, sera 1367. Folla in fermento. L'emiro Barlas, con addosso l'armatura e le armi, esce dal palazzo e si rivolge alla folla.
"Noi non riconosciamo il potere di Timur il rinnegato! Questo potere lo ha ricevuto dalle mani di uno straniero!"
"Morte, morte al rinnegato!" urla la folla inferocita.

Campo e tenda di Barlas, sera 1367. Timur con le sue schiere si avvicina al campo. Una grande tenda si innalza tra le innumerevoli iurte e capsule.
Timur rivolgendosi a Said indica la grande tenda: "Credo proprio che mi abbiano preparato una bella accoglienza!"
Accompagnati dalla musica, Barlas, Djalair e il loro seguito, vanno incontro a Timur.
Said sussurra: "Meglio non entrare nella tenda!"
Ma Barlas e Djalair abbracciano Timur, uno da una parte e uno dall'altra e con fare amichevole lo trascinano dentro. All'interno, un tavolo imbandito con cibo e bevande.
Barlas sembra felice di rivedere Timur.
"Hai fatto bene ad avere fiducia in noi!" Ma così dicendo si scambia un'occhiata con Djalair.
Djalair sorride a Barlas in segno d'intesa.
"Ma tuo nipote Timur è triste, per caso?"
"Forse non è contento di averci incontrato? Ecco, il migliore tra i vini greci, ecco della carne cinese! Il

defunto Kasgan ti aveva insegnato la passione per la cucina cinese. Prendi questo pezzo!"
"Non mi piace la carne con gocce di sangue!" sbotta Timur.
"Ma di che gocce parli, nipote?"
"Sto parlando delle gocce di sangue che mi colano dal naso!"
Timur si avvia bruscamente verso l'uscita, Djalair e Barlas lo seguono, ma interviene Said col coltello sguainato. Timur salta in groppa e si allontana velocemente.

Steppa nei pressi di Samarcanda, giorno 1367. L'enorme armata a cavallo di Tugluk, galoppa nella steppa. E di nuovo, Timur deve inginocchiarsi, umile e sottomesso, davanti la staffa di Tugluk.
"Non sono venuto da solo, con me c'è anche mio figlio, Ilias Hodjà. Spero che facciate amicizia!"

Samarcanda, sera 1367. All'interno del palazzo, Timur è seduto alla sinistra di Tugluk e di suo figlio Ilias.
"La situazione del Turan è difficile – esordisce Timur senza peli sulla lingua – Il popolo e i nobili subiscono continue angherie perpetrate dai loro ingiusti reggenti".
Tugluk è pieno di sé:
"Metterò ordine io, coi miei guerrieri!"
"Questa sì che sarebbe un'azione gloriosa!"
Tugluk allora si rivolge al suo seguito: "Fate entrare gli emiri!"
Djalair si prostra davanti a Tugluk.

"Ti porgo la mia completa sottomissione e sono pronto a servirti fedelmente! Ho sbarrato le porte di Samarcanda e mi sono precipitato ad incontrarti".

"Uccidetelo immediatamente!" è invece la spietata replica del capo dei Mongoli.

Poi si avvicina, strisciando in ginocchio, Baiasit.

"Uccidetelo subito!"

Baiasit scoppia in lacrime.

"Uccidetelo subito! – ribadisce gelidamente Tugluk, rivolgendosi poi a Timur – Contento? Con un colpo solo ti sei sbarazzato di due nemici!"

Fiume e montagna, sera 1367. Hussein insieme ai suoi seguaci, fugge spossato e terrorizzato. Galoppa nella steppa e affannosamente guada il fiume. Senza turbante, con il vestito strappato, si arrampica sulla montagna.

Samarcanda, tenda di Tugluk il giorno dopo. Tugluk ride mentre discorre col figlio Ilias e con Timur.

"Il comandante della mia armata, mi ha raccontato che Hussein e i suoi guerrieri sono caduti in preda ad un terribile panico. I miei lo hanno inseguito fino alle montagne dell'Indostan, dove hanno raccolto anche un bel bottino. Ed ora, come bisogna procedere?"

"Una volta fatta finita con Hussein – suggerisce Timur – dobbiamo dirigerci a Samarcanda e là eliminare Baian".

"Ecco un altro buon consiglio!" taglia corto Tugluk.

Samarcanda, piazza, giorno 1367. Tugluk, Ilias e Timur entrano in città festeggiati da una folla festante, trascinando Baian al laccio. Baian cerca di abbozzare una difesa.
"Grande Tugluk, eccomi ai vostri piedi, pronto alla più completa sottomissione!"
"Tu che ne dici, Timur?"
"Non è sincero, non è una persona onesta!"
"Uccidetelo subito!"

Palazzo a Samarcanda, sera, banchetto. Tugluk prende un pezzo di carne arrosto e lo porge a Timur.
"Prendi dalle mie mani, come dono solenne, questo pezzo di spalla del toro! Ho ricevuto, purtroppo una brutta notizia, gli emiri di Djetà, si sono sollevati contro di me. Io lascio al mio posto mio figlio Ilias. E tu, Timur, diventerai il mio Primo visir. Come reggente, non ho preso forse la giusta decisione?"
"Fin dal nostro primo incontro, io vi ho detto quando è giusto il potere".
"Certo, certo! Lo avevi descritto molto bene! Ricordamelo, brevemente!"
"Ogni potere, come la tenda, si regge sui pali della giustizia del reggente".
Tugluk fa una smorfia e si rabbuia.
"Le tue parole mi erano piaciute di più la prima volta. Ora, invece, non le ho del tutto capite".
"Io, invece, le ho capite – s'intromette Ilias – nelle sue parole c'è un'allusione sul vostro modo di amministrare la giustizia".
Tugluk si sforza di comprendere le ragioni del figlio:

"Sei forse insoddisfatto? Dimmelo sinceramente!"
"Io, sono il discendente del Gengis Khan – si sfoga allora Ilias rivolto a Timur – mentre tu, tu sei forse in qualche modo imparentato con lui?"

Samarcanda, strade, giorno 1367. Urla. Gli scherani di Ilias trascinano fuori dalle case decine di donne, le legano, le conducono via. Ancora grida disperate, pianti.

Samarcanda, palazzo di Ilias, sera.
Timur prende di petto Ilias: "Gli abitanti del Turan – gli dice senza mezzi termini – si sono lamentati con me perché i tuoi soldati pretendono che siano date loro un migliaio di donne, se ne sono già prese circa quattrocento".
"Ho proibito loro qualsiasi tipo di violenza. Tu sei il capo degli emiri, perché non tengono conto delle tue disposizioni?"
"Perché qualcuno ha ordinato loro di non seguire le mie direttive. Nel paese non esiste più un legislatore".
"Vuoi forse dire che io non governo? Io so, che quei tuoi vecchi monaci diffondono ovunque voci sulla mia incapacità di governare!"
"Ma tu, prima d'ora non avevi mai governato!"
"So che cosa vuoi! Tu vuoi il potere, malgrado gli ordini di Tugluk! Io ordinerò che quei monaci che seminano discordia siano imprigionati".
Ilias crede di spuntarla, ma Timur ha già dato ordine di assaltare la prigione e liberare i monaci, che poi vengono condotti in salvo lontano su dei cigolanti e sgangherati carri. Quella notte stessa Timur fa uno strano sogno. Un grande uccello

viene a posarsi sulla sua spalla. Mentre una voce scandisce arcane parole:

"Questo è il magico uccello Shaghin!"

Si sentono dei muggiti, delle mucche si avvicinano a Timur, che comincia a mungerle.

"L'uccello Shaghin – prosegue la voce – predice la tua felicità e se si posa sulla spalla, significa potenza, mentre le mucche sono i profitti. Tu hai liberato i miei discendenti, riceverai per questo un premio".

Campo mongolo, tenda di Tugluk, sera 1367. Tugluk legge una lettera, inviatagli da Ilias tramite due messaggeri. Vicino a lui, in atteggiamento sottomesso, siede Tomul. Tugluk è infuriato per quanto gli è stato appena comunicato. Sbatte il pugno sul tavolo, digrignando i denti come una belva ferita.

"Timur ha infranto la sua promessa e le leggi degli antenati. Io, a lungo, ho creduto in lui. Ma lui ha organizzato una sommossa contro di me e ha tentato di impadronirsi del Turan".

"Io ve lo avevo detto, è un ambizioso che punta molto alto, troppo in alto. Io conosco la sua perfidia! La stirpe dei Barlas è una stirpe di rinnegati".

In quel mentre Timur, sua moglie Aldjan e Said stanno galoppando lungo una strada buia. Said si volta spesso per accertarsi se si avvicini qualcuno. Giunti a Baikhatin cercano riparo per la notte tra le rovine della città. Sentendosi inseguiti, decidono di non accendere fuochi e di resistere stretti uno all'altro al gelo di pietra delle tenebre.

"Ci stiamo nascondendo come dei banditi, mentre i nostri nemici spadroneggiano in casa nostra!", sbotta Aldjan tremando come una foglia.

Timur non può fare a meno di sorridere: "Vorrà dire che, se vinceranno loro, l'avranno vinta solo su dei banditi, ma se vinceremo noi, allora sarà una vittoria su dei re".

"Che ne sarà dei nostri figli, se noi periremo? Tugluk aveva fiducia in te, se tu ti penti e lo implori di perdonare mio fratello Hussein, potrebbe a sua volta perdonarti!"

"Aldjan, quello che è fatto è fatto! Versami, invece, del vino! – e la bacia con dolcezza – Ricordati che cosa ha scritto il poeta Haiam. 'Le viole diffondono il loro profumo e il respiro primaverile del vento gira vorticosamente. Saggio è colui che beve con l'amata del vino, avendo grettato contro un sasso l'amaro calice del pentimento'".

"Mi sembra che qui non ci sia odore né di viole né di venti primaverili! Ho sentito invece il nitrito di un cavallo".

Said ha un sussulto e con voce alterata si rivolge al suo capo: "Timur, alzati!"

"Siamo vicini ad un pozzo, poco più in là finisce la steppa e comincia il deserto. Non ti preoccupare, sarà qualche nomade che sta rifornendosi d'acqua".

"Bisogna essere molto prudenti. Ci sono bande di Turkmeno tutto intorno. La loro merce principale sono gli schiavi, che vendono, poi, a caro prezzo. Non sarebbe forse meglio tornare indietro?"

Timur non risponde.

Nell'oscurità di intravvedono dei cavalieri, si sente rumore di armi. Timur e Aldjan si avvicinano silenziosamente ai cavalli per fuggire nella notte.

"Non rimanere indietro!" è il grido soffocato di Timur che prende in una mano le briglie del cavallo e con l'altra afferra Aldjan per fuggire precipitosamente.

Deserto, dune, quella stessa notte. Dopo una lunga corsa al galoppo Said può finalmente tirare un sospiro di sollievo.

"Grazie a Dio siamo tutti salvi".

Ma Timur non trova nulla di che rallegrarsi, anzi inveisce furiosamente: "Che tu sia maledetto, mongolo putrido e sifilitico! Che possa marcire la carne del corpo di tua madre!"

Così imprecando si avvicina alla moglie sedutasi su alcuni massi. Si rannicchia accanto a lei. Ma fa freddo e si sentono entrambi a disagio. Timur, stanchissimo, si addormenta subito. E sogna.

Un corvo nero si posa sulla sua spalla. Timur prova un profondo senso di angoscia e comincia a piangere nel sonno. Uno sciame di mosche viene allora attratto dalle sue lacrime. Cerca di scacciarle, ma le mosche continuano a volare, a volare.

All'improvviso spalanca gli occhi, Aldjan lo sta scuotendo per le spalle.

"Stavi piangendo nel sonno!"

È un'alba fredda e umida. Sul viso di Timur si dipinge un'espressione triste e sconsolata.

Bukhara. Moschea, in quello stesso momento. È appena l'alba, ma vicino alla moschea si è già radunata una piccola folla: migliaia di persone vestite a lutto, recano fiaccole, lanterne, campanelli, immagini del sole e della luna su aste e tessuti variopinti. Il giovane viaggiatore veneziano Nicolò, anche lui vestito a lutto, la testa avvolta in un turbante, si rivolge sottovoce al suo accompagnatore Iakub:

"È da parecchio tempo che sognavo di assistere ad un funerale mussulmano, non ho intrapreso invano il mio viaggio da Venezia".

"Parla piano – lo ammonisce severamente Iakub – se scoprono che tu non sei mussulmano, io rischio quanto te".

Rullano i tamburi e risuonano i piatti di rame che danno inizio al corteo funebre. Alla testa della processione, uomini vestiti con lunghe camicie nere si danno colpi sul petto seguiti da altri che si battono la schiena e le spalle con delle catene. Cominciano così a colare le prime gocce di sangue.

"Questa è l'asa – sussurra Iakub – la processione del dolore, in onore della morte dell'Imam Hussein, nipote del profeta Maometto. Ecco che arriva Haddì il capo processione, che racconta la morte di Hussein nella battaglia di Kerbel".

Haddì, in effetti, esordisce a voce alta e in tono patetico:

"Dopo la morte del Profeta Maometto, divenne califfo suo suocero Okubak. Al momento della sua morte egli dette il potere al proprio suocero Omar, ma questi fu ucciso dai rinnegati".

Il pianto e le urla nel corteo aumentano d'intensità.

"Prendi il flacone con le lacrime! – fa Iakub – Chi non ha lacrime a sufficienza ne porta alcune di scorta nel flacone: non si può apparire indifferenti a questa cerimonia".

Nicolò prende il flacone e si spruzza negli occhi il liquido. Mentre Haddì prosegue con voce piena di pathos:

"Il nuovo califfo, Alì il Giusto, cugino e genero del Profeta, viene ucciso all'uscita della moschea dopo la preghiera del Venerdì".

Le urla si alzano sempre più forti, scorre sempre più sangue.

"Alì il Giusto, nelle sue ultime volontà aveva chiesto che il suo corpo fosse legato ad un cammello e che questo fosse lasciato libero nel deserto, e che egli fosse seppellito là dove sarebbe caduto il cammello".

Si levano alcune voci dalla corte: "Allah! Allah! Dio, oh Dio!"

"Il maledetto Muaviia prese allora il potere e costrinse al giuramento suo figlio, il maledetto Esid".

La folla grida con rabbia e agita in aria pugni e armi:

"Diavolo, maledetto diavolo!"

Ormai il sole sta sorgendo. Le strade si riempiono sempre più di gente, un'enorme quantità di persone si unisce alla processione.

"Il figlio dell'ucciso Alì, nipote di Maometto, l'Imam Hussein assieme a duecento familiari, chiamato dagli abitanti della sua città Elkufa, si diresse là per appropriarsi del potere, che di diritto apparteneva a lui ..."

Al suono dei campanelli si alza un ennesimo grido dalla vasta platea di popolo: "Allah! Allah!"

"L'esercito di Esid, formato da quattrocento uomini, gli sbarrò la via. Hussein si diresse verso l'Eufrate, ma anche qui s'imbattè nei nemici. Essi avevano interrato il canale che portava al suo campo, Hussein e i suoi familiari stavano morendo di fame e di sete ..."

I lamenti della folla si fanno assordanti. Alcuni all'interno del corteo si massacrano con catene a cui hanno legato dei chiodi, si feriscono con dei pugnali, si conficcano aghi nel corpo. Altri già mutilati giacciono sul margine della strada: Nicolò distoglie lo sguardo, non riesce a guardare.

"Così è la nostra fede — cerca di spiegargli Iakub - e per amore della fede sono pronti a dare la propria vita e il proprio sangue".

"Ed anche quella degli altri", sentenzia il giovane viaggiatore.

Haddì invece, nonostante il baccano, continua a gracidare a voce alta quasi come una cantilena:

"Nella battaglia di Kerbel tutti i familiari di Hussein furono uccisi, lo stesso Hussein fu ammazzato da Esid. La sua testa su ordine di Esid fu tagliata e oltraggiata".

Nicolò nota allora un gruppo di persone che marciano a parte dandosi colpi sulla testa con sciabole affilate. Uno di loro è trascinato via ormai morto.

"Questi uomini appartengono — è la spiegazione di Iakub — ad una setta di fanatici oppure hanno fatto il voto chiamato asakamat, affinché il Santo Imam Hussein esaudisca i loro desideri. Kamat è la sciabola affilata con la quale si colpiscono".

Deserto, pozzo e tenda, giorno 1367. Timur e i suoi compagni di viaggio si avvicinano al pozzo, hanno fretta. Intorno al pozzo si è radunata parecchia folla. Alcuni pastori attingono l'acqua per le pecore. Tre persone sono sedute sotto un albero frondoso, un dervis e due altri che non si capisce bene chisiano. Sul viso, i segni e le cicatrici che si sono procurati probabilmente in qualche rissa. Il dervis comincia a cantare a voce alta inni del Corano, mentre i suoi compagni, in silenzio, si guardano intorno impauriti. Scorgono allora Timur che si sta lavando i piedi nel pozzo, e uno di loro corre verso di lui e si inchina profondamente.
"Sommo emiro Timur, permettimi di baciare i tuoi piedi!"
Timur guarda con ripugnanza il viso sporco, con la barba lunga, del vagabondo prostrato in segno di sottomissione.
"Io ho già compiuto il rito del bagno, non voglio essere contaminato".
"Mi permetti, allora, di baciare la polvere vicino ai piedi del grande conquistatore del mondo?"
"Chi sei?" chiede Timur addolcito da queste parole.
"Io sono un vecchio cammello debole, sono un cammello che non serve a nessuno e che nessuno vuole comprare. Se qualcuno mi compra, vuole, poi, i soldi indietro. Ma i Turkmeni non disdegnano neanche le carogne, possono vendermi per una dracma".
Said ha riconosciuto invece gli uomini dalle strane facce:
"Questo è un commediante ambulante e forse anche l'altro, ma il dervis è un po' troppo chiaro di viso per essere vero. Spesso sotto i panni dei

dervisci si nascondono esploratori e spie dell'Occidente".

"Sì è vero, siamo dei commedianti. Comunque il mondo è piccolo! Io ho divertito il pubblico durante la festa della tua circoncisione".

"Avete dei cavalli o degli asini con voi?", taglia corto Timur.

"No, siamo a piedi – risponde il commediante – Dobbiamo passare la notte insieme, qui è pericoloso. Ai Turkmeni non par vero poter rapire le persone per venderle".

Said però tranquillizza Timur: "Lasciali stare, questi sono pieni di pidocchi. Mi sono già messo d'accordo per dormire nella tenda di un mercante".

Deserto, tenda turkmena, sera. Timur sta bevendo il tè. Da una parte, in piedi, il padrone turkmeno della tenda e suo figlio attendono ai sacri doveri dell'ospitalità.

"Vi prego di scusarmi – dice il padrone – adesso prepariamo la cena, non siamo ricchi, solo pesce bollito e latte acido, però abbiamo una bella iurta e il fresco vi rimetterà in forma".

Fa capolino un uomo.

"Anche tu hai ospiti! E che ospiti! Mi congratulo ... - e senza farsi scorgere, strizza un occhio – La nostra tribù è molto ospitale. Ci piacciono gli ospiti! – rivolto a Timur e agli altri – Cenate e dormite tranquillamente".

"Quando ero più giovane, studiavo l'arte del teatro da un capocomico e sapevo fare le smorfie meglio di costui" sbotta il commediante sciorinando una sequela di occhiatacce, occhiatine, boccacce e gestacci.

Il figlio del padrone della iurta scoppia a ridere, ma il padre lo rimprovera.

"Perché dai fastidio alle persone? Vai, invece, a dire che ci servano presto la cena!"

In quello stesso momento, entra il dervis, dando a tutto la benedizione. Il padrone gli porge delle focacce.

Timur gli offre dei soldi: "Sei un dervis?"

"Sì, lo sono. Noi dervisci, viviamo del nostro pio lavoro. Non prendiamo mai denaro. Per noi avere denaro è peccato!"

Uno dei commedianti scoppia a ridere: "Ma noi lo prendiamo, eccome! Sai a chi assomiglia un artista? Lo sai? Lo si può paragonare ad un mendicante che nella mano sinistra ha un grumo di merda, mentre la destra è tesa a chiedere l'elemosina. E se tu non gli dici 'prendi' è pronto ad imbrattarti".

Nel frattempo il dervis tira fuori il Corano da un apposito sacchetto e comincia a leggere. Il padrone si sposta nell'altra metà della tenda.

Timur scruta severamente il dervis: "Dove sei diretto?"

"Sto andando in giro, visitando luoghi sacri. Ora sono diretto a Horesm. Durante il mio cammino, ho incontrato questi due commedianti e adesso giriamo insieme. È meglio non stare soli".

"È vero. Lo sai che il tuo viso è troppo chiaro per essere quello di un dervis, inoltre il tuo sguardo è troppo svelto, come di uno che abbia letto molti libri greci ... occidentali!"

"La mia mente non è contaminata dalla scienza o da libri greci".

"Sei furbo e astuto, però mi piaci!"

"Se un difetto piace al re, diventa un merito".

"Perché mi hai chiamato re?", si stupisce Timur.

Il commediante non riesce a trattenere il riso: "Per il gusto di dire tutto al contrario, per piacere!"

Nel frattempo, il padrone nell'altra metà della tenda, nascosto da un velo, sta litigando con la moglie.

"Perché non metti le catene al loro posto? Dove sono le catene? Trovale immediatamente e portale qui. Perché è tutto fuori posto? Dove sono le catene? – rivolgendosi al figlio – Sfaccendato, buono a nulla! Perché non hai messo l'oppio nel tè? Sarebbero già addormentati! Che ne sarà di te, non diventerai mai un vero uomo! Il figlio del vicino ha già ucciso due persiani e ne ha fatto schiavi cinque. Per questo il vicino è ricco e noi, invece, poveri! Con i soldi di due ragazze persiane, vendute a Bukhara, ha comprato dieci cammelli".

"Ma questi non sono persiani, sono veri credenti!"

"Sta zitto, buono a nulla! Come schiavi van tutti bene! Tutti!"

Si sente la voce del commediante: "Padrone, dov'è la cena?"

"Ecco, adesso vogliono pure la cena! Potrebbero, invece, stare già dormendo incatenati! – con un sorriso falso sul viso, entra dall'altra parte con un inchino – Vi prego di perdonarmi, ecco, subito!"

Entra uno schiavo incatenato, con un piatto di pesce. Il figlio prende il piatto dallo schiavo e lo porge agli ospiti. Poi si siede non lontano da loro, guardandoli mangiare. Il padrone va avanti e indietro, riuscendo sempre ad indossare la maschera del sorriso e levarla un attimo dopo, non appena si allontana.

"Ho sentito che stava cercando delle catene" nota il commediante che di recite se ne intende.

"Ma, qui, con noi c'è un religioso!" obietta Timur.

"Costoro venderebbero come schiavo anche lo stesso Maometto, se solo cadesse nelle loro mani!"

Infine, entra il padrone, ché non ha trovato le catene, e si siede poco lontano. Viene poi servito il tè verde, la khaklvà e il kumis, cioè latte fermentato di cavalla. Lo schiavo incatenato va su e giù, mettendo in ordine.

"Padrone – sbotta il dervis – voi siete un uomo pio, e come potete, allora, vendere, rendendolo schiavo, un uomo della vostra stessa fede, malgrado la legge del profeta che sancisce che ogni mussulmano deve essere libero?"

"Eh, il Corano è il libro di Dio – cerca di rispondere il padrone mantenendo il sangue freddo – senz'altro più importante dell'uomo, eppure il Corano si vende e si compra per pochi spiccioli!"

"La nostra tribù turkmena non è colta – prosegue il figlio – ma siamo orgogliosi dei nostri fratelli che vivono in Azerbaigian, perché sono eruditi – rivolgendosi al commediante – Tu hai degli strumenti musicali con te, sai suonare e cantare?"

"Sì, io canto e suono per soldi o per un alloggio!"

"Cantaci una canzone dell'Azerbaigian, se noi Turkmeni vogliamo sentire qualcosa di insolito, chiediamo sempre una canzone azerbaigiana ..."

Alla luce del fuoco, i commedianti cantano una canzone. Più veloce diventa il ritmo e più forte si dondolano i Turkmeni, gli occhi brillano, si sentono grida gutturali, respirando affannosamente si aggrappano con le dita ai capelli ricci e si dondolano avanti e indietro.

"Ottimi guerrieri! Quando sarò reggente tra i miei soldati, avrò senz'altro dei Turkmeni", borbotta Timur.

"Tuttavia, per un povero viaggiatore è meglio non incontrarli – gli fa eco il dervis – Bisogna abbandonare questi posti al più presto, per non finire in catene!"

"Per te è senz'altro vero, bisogna che lasci questi posti. Tu sei o italiano o spagnolo! – lo rimprovera Timur – Ma dimmi la verità, come ti chiami?"

"Nicolò – risponde il dervis a bassa voce per non farsi sentire da orecchie più ostili – io sono di Venezia, non la mia prima volta qui. Ma non sono una spia. Io giro per l'Asia perché voglio conoscere i poeti e i dotti di questo paese. Anche io sono un poeta e tradotto nella mia lingua Omar Khaiam e Berunio".

"Leggimi qualcosa in modo che io possa accertarmi che tu non menta. Leggilo prima nella nostra lingua e poi in italiano".

"Se in città diventerai famoso, diventerai il bersaglio della cattiveria della gente. Se ti rinchiuderai in una cella sarà motivo di un vile sospetto. Se anche fossi il profeta Ilias o immortale come Hisar, è sempre meglio essere invisibili ai molti, è sempre meglio diventare l'ombra invisibile".

"Sì, certo! Tu devi diventare un'ombra invisibile ... Vattene di qui. Io non ti tradirò, ma potresti incappare in qualcuno che non legge poesie e ti taglierebbe la testa. Se ritornerai qui, un giorno, portami da Venezia un po' di libri latini".

"Ma come ti troverò?"

"Mi troverai, quando tornerai, tu mi troverai ... !"

Al mattino si ode un grido. È Said: "Ci hanno rubato i cavalli!"

Timur si sveglia di soprassalto ed esce di corsa dalla tenda.

"Prima dell'alba ho contato i cavalli – gli fa osservare Said – erano tutti al loro posto e ora ne mancano tre ..."

"Maledetto italiano! – borbotta Timur – Non invano dicono che l'intelligenza dell'italiano è presa in prestito al Diavolo".

Si sono svegliati anche i padroni. Si avvicinano, annuendo con simpatia.

"Come potete continuare il viaggio senza cavalli? Aspettate fino a domani, andremo via insieme".

"No. Abbiamo fretta! Per il furto dei cavalli, mia moglie e mia sorella saranno costrette ad andare a piedi".

Deserto, giorno 1367. Una piccola schiera si muove tra le dune. Tutto intorno è silenzio, non c'è nessuno. Gli uomini procedono a cavallo, le donne a piedi, reggendosi alle staffe e asciugandosi il sudore.

"Qui siamo troppo allo scoperto – mormora Timur – In caso d'imboscata non potremo difenderci. Facciamo una tappa e preghiamo per la nostra sicurezza".

Si mettono tutti a pregare.

Il buon Said cerca di rincuorare la compagnia: "Ancora un po' e raggiungeremo la pianura, guardate si vede il crinale dei monti".

"Le montagne! Le montagne!" gridano di gioia.

"Grazie a Dio, siamo vicini alla meta!"

"La sabbia sta diminuendo, guardate là davanti c'è una nuvola di polvere, forse è un branco!"

Timur invece si preoccupa: "Quello non è un branco!"

In pochi istanti il cielo si rabbuia paurosamente. Nell'oscurità si sente solo un rumore assordante. All'inizio riescono a chiamarsi l'un l'altro, ma, poi, le voci svaniscono. Una forte raffica smorza il tutto. Timur e Aldjan hanno fatto appena in tempo a scendere da cavallo. Anche gli animali si sono affrettati a stendersi. L'uragano si avventa con un rumore terribile e poi lentamente si allontana.

Svanita la tempesta, Timur e Aldjan sbucano titubanti da sotto la sabbia, ma intorno a loro non c'è traccia degli altri.

"Ehi, Ehi! – chiama senza ottenere risposta – Sono andati nell'altra direzione".

"Credo di avere la febbre!" sussurra timidamente Aldjan.

"Aldjan, sopporta ancora un po', presto arriveremo al pozzo!", la rincuora Timur portandola con sé in sella.

"Non ce la faccio più, fammi scendere. È arrivato il mio ultimo giorno, Timur!"

Timur l'aiuta a smontare da cavallo: "Coraggio".

Appena Aldjan beve un sorso d'acqua, le viene da vomitare. Anche Timur cerca di bere, ma sputa subito.

"Quest'acqua va bene per le bestie, ma non per gli esseri umani. Dormiamo qui, in ogni caso, ci potrebbero trovare dei pastori".

Abbraccia la moglie e, esausti, si stendono direttamente per terra addormentandosi subito. Si svegliano poco dopo, circondati da persone che parlano una lingua melodica e dolce.

"Sono Persiani, non sono Turkmeni, sono Persiani! Siamo andati molto in là, siamo in Persia!" esulta Timur.

"Acqua, datemi da bere!" implora Aldjan.

Le viene data una tazza, mentre Timur continua a mormorare "Persiani" e improvvisamente si accorge che tutti hanno catene sia ai piedi che alle mani.

"Sono degli schiavi! Sono quelli che custodiscono per i Turkmeni le mandrie e le pecore. Aldjan dobbiamo andare avanti e superare la steppa turkmena".

"Non ce la faccio!"

"Allora siamo costretti a passare qui la notte".

Deserto, vecchio pozzo, quella stessa notte. Un reparto di Turkmeni si fa avanti nel buio, guidato da uno degli schiavi. Lo schiavo indica Timur e Aldjan che stanno dormendo. I Turkmeni si avventano su di loro e li legano.

"Mi è stata promessa la libertà! Voglio rivedere i miei figli e la mia vecchia madre!", si giustifica la spia mentre i due malcapitati vengono trascinati brutalmente via.

Campo turkmeno, tenda di Kurban, poco dopo. L'emiro Kurban è seduto su di un tappeto di feltro e sta mangiando delle albicocche, mentre un barbiere gli spunta la barba. Timur e Aldjan, ambedue legati, vengono condotti davanti all'emiro che non dice una parola e continua a mangiare.

"Metteteli in prigione!", sbotta Kurban dopo un silenzio.
Timur e Aldjan vengono così trascinati via di peso e spinti in una fossa profonda un paio di metri.

Campo turkmeno, fossa-prigione, giorno 1368. È l'alba. Timur traccia dei segni con un sasso sulla parete.
"Sono già passati due mesi da che stiamo soffrendo in questa fossa brulicante di bestiacce e parassiti!"
"Il sole batte qui solo la mattina presto — si lamenta Aldjan — Un piccolo raggio illumina per poco il bordo della parete. Aspetto sempre questo momento, ma non dura a lungo. Vorrei, magari prima di morire, vedere il sole. La mia pelle è diventata color cinabro per la continua oscurità, e a causa dei parassiti sono tutta un prurito!"
Timur resta seduto in silenzio tenendosi la testa con le mani.
"Bisogna fuggire da qui, fuggire a qualsiasi prezzo. Ieri, uno dei guardiani, a cui ho promesso una generosa ricompensa se ci aiuta, non mi ha neanche risposto! Perlomeno però non ha inveito come una scimmia".
Si sentono dei passi, attraverso il buco appare la testa calva e abbronzata del guardiano.
"Ehi! Chi sta chiacchierando?"
"Pensa alla ricompensa che ti ho promesso, portami una scala!"
"Potrei portarti la corda con cui ti impiccheranno!"
Il guardiano scoppia a ridere e chiama anche gli altri per ridere insieme.
"Maledetto, maledetti masticatori di oppio — inveisce Timur scagliandosi contro l'apertura —

delinquenti, parassiti! Dio ha creato il mondo, come un meraviglioso paradiso. Ma il mondo è caduto nelle mani degli eretici! I posti più belli sono sotto il dominio degli eretici, dei rinnegati e dei senza Dio: l'India, la Cina, la Persia, la Russia, la Grecia, Roma! Tutto! È tutto nelle grinfie degli infedeli. E il nostro amato paese, il Turan, è nelle mani del rinnegato Tugluk e del suo stupido figlio. Ma io te lo giuro, Aldjan, noi usciremo da qui! Da qui! – si mette a urlare, ha la febbre, gli occhi lucidi – da questa fetida terra, comincia la mia marcia per la presa del potere sul mondo!"
Appare di nuovo, nel buco, la testa del guardiano.
"Ehi! Se tu parli così, ti mando giù gli scorpioni!"
"Porta una scala e diventerai un uomo ricco!"
"Forse è meglio un tappetino, così ti ci potresti stendere sopra? Vuoi dei pezzetti di carne morbida di capretto, polli arrosto, uova morbide come dei culi? Eh? Vuoi che ti porto tutto questo? Eh? Avanzo di galera!" E scoppia di nuovo a ridere.
Aldjan si avvicina e abbraccia Timur, ambedue si siedono su di una pietra. Timur appoggia la testa sulla spalla della moglie e chiude gli occhi. Li riapre però di scatto quando sente una voce che lo sta chiamando dall'alto della fossa.
"Ehi, ehi!"
Nel buco appare ancora una volta la testa del guardiano.
"Prendete!"
Ai piedi di Timur cade prima una spada, poi, con un fruscio, una scala di corda.
"Si è deciso, finalmente, bastardo d'un guardiano! Questa è la mano di Dio!"

I due prigionieri sgattaiolano silenziosamente fuori dalla loro prigione senza richiamare l'attenzione delle altre guardie che stanno giocando a dadi. Quando Timur, armato, appare improvvisamente davanti a loro, non possono più reagire.

"Adesso passerò vicino a voi, e che nessuno si muova, se tenete alla vita. Non tentate di ostacolarmi, chiaro? Chi di voi vuole fare l'eroe per primo? Chi vuole la mia spada nelle sue budella?"

Le guardie, come ipnotizzate dalla sorpresa, non si muovono. Tenendo Aldjan per la mano, Timur si allontana velocemente. È allora che qualcuno da l'allarme.

"È scappato, è scappato!"

Timur, con passo deciso, procede verso la tenda dell'emiro Kurban.

"Tu, certo, non mi stavi aspettando, Kurban!"

"Emiro Timur, stavo per liberarti, ho appena ricevuto due lettere da mio fratello. Nella prima, mi scrive, nel caso tu mi faccia visita, di ospitarti con il dovuto rispetto. Purtroppo alcuni malintenzionati non mi hanno consegnato questo primo messaggio, ne sono venuto a conoscenza solo a causa della seconda lettera, che ho ricevuto appunto solo oggi".

"Ma chi è stato a non farti pervenire la lettera?"

"L'emiro Hussein, mi ha fatto pervenire solo la lettera in cui mio fratello mi chiede di ospitarlo come si deve, ma non la lettera che ti riguardava".

"Questo non è vero!", grida Aldjan.

"È vero! Tuo fratello è un perfido e un vigliacco! Sapeva benissimo che ero in prigione e non ha neanche tentato di liberarmi, malgrado io fossi finito in prigione con te, sua sorella!"

Kurban è sconcertato.
"Ti darò il mio cavallo e dodici cavalieri di scorta".

Steppa, campo di Timur, notte 1368. L'oscurità è rischiarata dai fuochi su cui viene cucinato del nutriente pilov in grandi pentoloni di rame. Una vedetta annuncia.
"Sta arrivando Mubarak per unirsi a noi!"
Un'altra voce avverte:
"Giunge da Horasan uno dei nostri reggimenti!"
Alla testa del reparto c'è Said. Timur gli va incontro, si abbracciano.
"Ecco, siamo di nuovo insieme? E io che credevo che non ci saremmo rivisti! Quanti soldati hai portato con te?"
"Duecento cavalieri e molti fanti. Anche l'emiro Termes si appresta a raggiungerci".

Alle porte di Samarcanda. È notte. Timur e il seguito entrano in città. Le guardie osservano il drappello di uomini vestiti con sai da monaci erranti.
"Da dove venite?", tuona il comandante dell'avamposto.
"Stiamo andando a visitare i luoghi sacri!", simula Timur.
La guardia osserva Timur in volto e conclude:
"Hanno il viso scuro come gli Etiopi, e non come veri credenti".
"Se non sono armati lasciali passare, sono troppo stanco per interrogarli adesso".
Nelle strade buie di Samarcanda, il gruppo di uomini guidato da Timur si divide.
"Andate, ognuno al suo posto!"

Casa della sorella di Timur, poco dopo. Timur abbraccia la sorella Turkan-agà.

"Sorella, nessuno deve sapere che io sono qui. Hai un posto asciutto dove possa passare qualche tempo?"

Turkan-Agà fa cenno di seguirla. Scendono per una scala nella cantina, dove vi sono botti, con prodotti sottosale, e grappoli di frutta secca. Trascorso qualche giorno, Timur raduna i suoi seguaci.

"Stiamo preparandoci ad una sanguinosa guerra contro i Mongoli. Per questo, dobbiamo rifornirci di armi e trovare gente disposta a combattere ..."

Si odono dei passi, delle voci allarmate, Said scende frettolosamente in cantina.

"Hanno scoperto che ci nascondiamo in città!"

"Maledetti!"

"Attacchiamoli! Siamo numerosi e bene armati!"

"No! – interviene Timur – Nelle condizioni in cui ci troviamo ora, sarebbe un suicidio. Dobbiamo avere pazienza, ancora una volta! Quanta fatica per niente."

Steppa, un mese dopo. È un giorno caldo e assolato. Timur siede all'ombra, appoggiato ad un muro in rovina. Osserva attentamente come una formica stia cercando di arrampicarsi sul muro, sale un po', cade giù, di nuovo comincia a salire, arriva fino quasi in cima e cade di nuovo.

Said cerca di scuoterlo da quell'oziosa contemplazione:

"Timur!"

"Zitto! Questa piccola formica cieca e zoppa, con testardaggine e risolutezza ha raggiunto il suo scopo! Dobbiamo imparare la tenacia e la risolutezza non dai leoni o dalle aquile, ma dai piccoli insetti."

"Adesso, comunque, dobbiamo andare – suggerisce Said – Non possiamo restare a lungo qui: stanno arrivando i Mongoli e noi abbiamo in tutto solo cinquecento guerrieri a cavallo e qualche fante".

Il drappello di Timur avanza rapidamente; davanti vi sono gli uomini a cavallo, dietro i fanti. All'improvviso Said indica una nube di polvere che si leva poco distante.

"Una mandria di cavalli! Prendiamoli!"

"Non siamo mica nelle steppe turkmene! Non mi dedico al saccheggio a casa mia!", urla Timur.

Il drappello si avvicina, i padroni della mandria riconoscono Timur e si inchinano davanti a lui.

"Sono miei sudditi! – esclama entusiasta Timur – Bisogna convincerli con le buone a lasciarci i cavalli!"

Fiume, giorno 1368. Il reparto di Timur, in formazione, si muove velocemente al galoppo. Davanti, brilla l'acqua del fiume.

"Guardate, sull'altra sponda ci sono i Mongoli!" , fa osservare Said. Ma Timur subito lo corregge:

"No! Sono dei nostri, è Mubarak! E presto anche l'emiro Termes si unirà a noi!"

Mura della città di Kandagar. È notte, i soldati di Timur, al suono delle trombe, si avvicinano. Destati di soprassalto i cittadini e le guardie affollano le mura.

"Bisogna inviare al reggente un'offerta in denaro per convincerlo a lasciarci entrare in città. Ma, nel frattempo, teniamoci pronti con le scale all'assalto".

Kandagar, qualche giorno dopo. Nella tenda di Timur. È in corso un banchetto. Cibo, bevande. Il reggente di Kandagar porge dei regali a Timur.
"Noi saremo molto soddisfatti di te – lo apostrofa Timur senza degnare d'uno sguardo i ricchi doni – se stanotte stessa la città si sottomettesse a me!"

Palazzo di Kandagar. Il mattino successivo, Said entra nella stanza dove riposa Timur.
"L'emiro Hussein chiede di essere ricevuto".
"È venuto a chiedermi di perdonarlo! Non sa cos'è l'onore, si umilia quando gli torna comodo ... Fa proprio parte del suo carattere! Vigliacco ma astuto!"
"Cosa gli devo dire?"
"Che entri pure! Quando non possiamo contare su nessun altro, siamo costretti ad allearci per forza, anche con una canaglia matricolata!"
Entra Hussein sorridendo, con le braccia spalancate in un abbraccio: "Come sono felice di riabbracciarti! E dov'è mia sorella Aldjan? Ho proprio voglia di vederla!"
"L'ho mandata a casa. Sta male, dopo il periodo passato in prigione".
"Oh! È terribile! Le invierò delle radici cinesi che fanno bene allo stomaco, dell'insalata in agrodolce e del miele. Non devi essere arrabbiato con me. Io non sapevo che tu fossi in prigione. Cerca anche di

capirmi, avevo paura della mia incolumità in mezzo a quei selvaggi dei Turkmeni".

"Lasciamo perdere. Ho intenzione di spartire con te il potere su Kandagar. Ti cederò anche metà dei doni che ho ricevuto".

"Tu sei generoso, ma anche io voglio farti un regalo. Se vuoi, ti offro una concubina di origine russa che ho comprato a Horesm, scambiandola con un cavallo turkmeno. Se la vedi, capirai perché non mi sia dispiaciuto dare via uno dei miei migliori cavalli da corsa. Ha occhi celesti e un carattere remissivo e altrettanto celestiale. Inoltre, sa cucinare molto bene!"

Timur e Hussein, seduti uno vicino all'altro, guardano con interesse la concubina russa che si è presentata con un inchino.

Hussein emette una fragorosa risata: "Allora? Che ti avevo detto! Guarda che capelli chiari, e non li tinge con l'henné, sono proprio naturali! Guarda che guance rosse e come è chiara la pelle del viso! Sono sicuro che in patria, in Russia, l'hanno nutrita con latte d'orso. E sapessi come è forte sul lavoro e abile ... in tutto! Tu mi capisci? Anche intelligente! La sto istradando alla fede mussulmana. Vieni qui Ksenia! Racconta, che cosa ti ho insegnato?"

Ksenia si avvicina, con la fronte aggrottata.

"Di Sussein, mi ha parlato di Sussein. Tu sei Sussein! E mi ha insegnato tutto su Sussein. Anche da noi danno alle persone i nomi dei santi ..."

"Invece di Hussein – spiega – dice Sussein! Raccontaci del Santo Hussein nipote di Maometto!"

Ksenia di nuovo aggrotta la fronte e tace a lungo.

"E loro uccisero Sussein, i figli di Alì e i nipotini di Maometto! Lui li maledisse e settanta città furono distrutte".

Hussein non si trattiene più dal ridere. Ksenia, ridendo a sua volta, si siede sulle sue ginocchia.

"No! Ecco il tuo nuovo padrone! Io ti ho regalata a lui, è l'emiro Timur ... TIMUR, hai capito bene?"

Ksenia ripete il nome: "Timur!"

Siede sulle ginocchia di Timur ma lui la allontana.

"Sai che è molto brava a fare ricami in oro?"

Ma Timur gli riserva una severa occhiataccia.

"Il Corano ammonisce i Mussulmani dall'adornarsi di ori. La manderò a casa mia, e la mia prima moglie le troverà un lavoro nel cortile degli animali".

Così dicendo alza gli occhi e incontra quelli azzurri della ragazza, il suo cuore accelera i battiti, ma egli mantiene la sua espressione severa e si gira. Al che Ksenia fugge via.

"Sei troppo severo con lei! Se avessi saputo, non te l'avrei regalata. Una ragazza così bella per il cortile degli animali? Per quel posto va bene anche una vecchia senza naso!"

"La Sharia e le sacre leggi ci insegnano quale sia la vita giusta e mettono in guardia contro l'adulterio!"

"Ma non potrebbe essere che sei così severo perché ti piace?" E ride, ride.

Palazzo a Kandagar, stanza di Timur, notte 1368. Dopo la preghiera, Timur siede davanti allo specchio. Entra Ksenia con un piatto fumante. Timur la guarda irritato. Poi sbotta:

"Said, perché questa ragazza non è nel cortile degli animali? Avevo ordinato di mandarla là!"

"Il cuoco si è ammalato e lei cucina proprio bene", si giustifica Said che ha subito preso in simpatia la giovane russa e la difende in ogni occasione.

"Cos'è che ha cucinato? – lo rimprovera Timur guardando nel piatto – È senz'altro una pietanza da contadini! E vedrai che mi propina anche carne di maiale!" E butta il piatto per terra.

Ksenia sta lì in piedi continuando a guardare con i suoi occhi azzurri Timur che le lancia un'occhiata di sfuggita.

"Che fai lì impalata? Pulisci!"

La ragazza si inchina e comincia a raccogliere i cocci del piatto rotto e i pezzi di cibo caduto per terra. Ha delle gambe dritte e forti, fianchi poderosi, il seno bello sodo.

"Perché stai zitta?", la provoca Timur sentendosi a sua volta provocato dalla bellezza di quella creatura.

"Cosa devo dire?", risponde Ksenia senza battere ciglio.

"Perché non piangi, almeno?"

"Sono abituata, signore, mi strillano tutti. Solo mio padre e mia madre mi volevano bene".

Timur ora le parla in tono un po' meno duro.

"Senti molto la nostalgia della tua casa?"

"Sì, molto! La nostra terra è bella, il dio delle foreste l'adorna di fiori, di meravigliosi uccelli dalle piume colorate! E d'inverno si va in slitta e si mangia blinni".

"Chi ti ha insegnato a cucinare?"

"Mio padre, è un fornaio. Con il suo aiuto, ho imparato a fare il pane e a cucinare".

"Tu hai provato il suo cibo?", chiede Timur rivolto a Said che sorride sotto i baffi.

"Sì, è buono , puoi fidarti!"

"Beh! Allora portamene tu un'altra porzione, lei sta ancora raccogliendo le schegge del piatto rotto".

Said porta un altro piatto a Timur che assaggia incuriosito.

"Buono! Però manca il pepe. Come la chiamate voi questa roba?"

Ksenia sorride: "Ravioli!"

Timur continua a mangiare: "Buoni! Però la cipolla, quando è con la carne, tagliamola più fina. Te lo farò vedere. Siediti".

Ksenia si siede.

"Puoi andare, Said! E tu mangia!"

"Grazie, signore, non ho fame".

"Siediti, mangia!", insiste perentoriamente Timur.

"Come vuole il mio signore!"

Ksenia con gesti timidi prende un raviolo. Per un po' mangiano in silenzio. Poi i loro sguardi si incontrano e ambedue scoppiano a ridere.

"Stai male senza tuo padre e tua madre?"

"La vita è dura senza nessuno che ti protegga, gli uccelli sono felici sotto l'ala della madre".

"L'emiro Hussein ti ha insegnato le regole dell'Islam?"

"Sì, ma non ho capito nulla".

"Vuol dire che te le ha insegnate male! Bisogna sempre essere giusti e clementi, ecco in due parole cosa insegna l'Islam. Io ti farò da maestro! Il profeta dice: 'Insegnare la fede ad un non credente è più importante che a mille credenti'".

"Io, vostra grazia, signore, ne sarò felice come un albero secco è felice della pioggia tiepida".

Sempre nel palazzo a Kandagar, qualche sera dopo. Hussein dopo cena sfida Timur: "Ci sai fare a scacchi? – dispone i pezzi sul tavolino di oe madreperla scura – Siediti e giochiamo".
"Va bene, proviamo!"
Per un po' giocano in silenzio. Timur muove il cavallo e prende un pedone.
"Sei fortunato!"
"Ho già sentito, e da parecchio, che quelli fortunati sono perseguitati dall'invidia".
Hussein non può fare a meno di sorridere: "L'invidia del destino?"
"Non sono pagano per credere al destino, ma credo in una predestinazione divina".
"Consentimi che, oltre alle sante preghiere, nella vita esiste anche la gioia! Eccome! Rivoglio indietro la concubina russa che ti ho regalato in un momento di generosità. In fin dei conti, lei non ti serve, visto che l'hai relegata nel cortile".
Timur si rabbuia: "Mi serve, cucina bene!"
"Ah sì! Bene! Allora io ti regalerò un ottimo cuoco, ma tu dammi indietro la ragazza".
"No! Mi serve!", replica seccamente Timur.
"Non voglio mica averla indietro gratis! Ti prego, vuoi una bianca puledra araba? Non ti capisco, perché mi guardi così imbronciato? Sei forse innamorato di lei? – scoppia a ridere – Non offenderti! Anche i saggi filosofi non hanno trascurato il loro corpo!"
"Io stimo i veri filosofi e non i volgari chiacchieroni, e mi occupo del mio corpo, non certo come un qualsiasi caprone in calore, né per pavoneggiarmi, pur senza trascurarlo. Scacco al re".

In quel momento entra Said.

"L'emiro Kubarak è scappato per rifugiarsi nel Sistan. Ci hanno informati che sta preparandosi ad attaccarci sobillando gli abitanti della zona contro di noi".

"Certo! Da parte sua me lo aspettavo. Mi aveva giurato con troppo ardore la sua eterna fedeltà!"

Colline e campo di battaglia, giorno 1368. Mattina. I soldati, prima della battaglia si dispongono in formazione da combattimento.

"È necessario dividerci in tre reparti – sono gli ordini di Timur – Tu, emiro Hussein, con una parte dei guerrieri a cavallo sarai alla mia destra. Tu, Said, l'ala sinistra, e io stesso comanderò la terza schiera, quella centrale. In prima fila andranno gli arcieri e dietro di loro gli uomini armati di lance".

"Si stanno avvicinando!", grida Said.

Timur, circondato da dieci guardie del corpo, segue dalla collina lo svolgimento della battaglia. Poi, si lancia proprio nel mezzo del combattimento. Stridore delle spade, sibilo dei dardi. Due frecce colpiscono Timur quasi contemporaneamente. Una alla gamba destra, l'altra al gomito destro. Infervorato dalla battaglia, Timur neanche se ne accorge, continua a lottare anche se ferito, con le frecce conficcate nel corpo.

"Sei ferito?", gli chiede preoccupato Said.

"Credo di sì!"

Scende da cavallo. Ha voglia di bere, fa alcuni passi e cade.

"Dov'è Hussein?", sono le sue ultime parole prima di perdere i sensi.

Deserto e pozzo, il mattino dopo. Il platano divenuto enorme, allunga i suoi rami sopra la sorgente. Dal ramo più basso e da quello laterale e ricurvo sono cadute tutte le foglie. Simili a braccia scheletriche, si stagliano sullo sfondo della chioma verde e folta.

Palazzo a Kandagar, giardino, sera 1368. Timur, pallido in viso, siede in giardino sotto un albero fiorito di albicocche. Ksenia gli massaggia il corpo con un unguento speciale, con molta cura.
Timur parla con voce flebile: "Mi sono indebolito, come un bambino! E come ad un bambino dovete insegnarmi di nuovo a camminare!"
Ksenia sorride: "Imparerai di nuovo, io ti farò da madre! Appoggiati a me!"
Timur si alza a fatica, appoggiandosi alla spalla di Ksenia, cammina zoppicando.
"Non riesco a piegare il braccio, e la mano sinistra deve imparare di nuovo a funzionare".
"Lo farà, lo farà, se Dio vuole, lo farà. Quando ero piccola, mio padre mi ha detto: ama Dio, ama le persone, e se lo farai, sarai premiata!"
"Come sei brava Ksenia! – la bacia – Io amo Dio, ma amare le persone in questo momento per me non è possibile. Io, ora, reso zoppo e con una mano invalida, ho bisogno di capire gli uomini, ma non certo di amarli! Dobbiamo comprendere e accettare la vita, se non altro, come semplici formiche, se vogliamo raggiungere il nostro obiettivo. Oh, se uno potesse scagliare contro i malvagi la stessa cattiveria con cui ti hanno colpito!"

“Non ti arrabbiare, caro! Le ferite non si cicatrizzano con la cattiveria!”

“Cercherò di guarire solo per regolare i conti coi miei nemici! Se commetterò dei torti, ne risponderò davanti a Dio. E tu, Ksenia, dammi il tuo amore! Non ti voglio come una concubina, ma come amica del cuore. Se lo vorrai, io ti lascerò libera di tornare nella tua terra, da tuo padre e tua madre! Ti darò anche dei soldi”.

“Certo! Lo voglio! Ma ora non me la sento di lasciarti solo!”

“Grazie, Ksenia! Sono stanco, voglio sdraiarmi sul letto”.

Ksenia lo aiuta a draiarsi. Said si aggira nel giardino a poca distanza. Timur lo chiama, vuole spiegazioni.

“Said! Perché non mi dici niente di Hussein? È un pezzo che l'ho inviato con duecento cavalieri nel Badaksahan”.

“L'emiro Hussein si è impadronito di Badaksahan. Ma ha impiegato tutte le sue energie per saccheggiarne le ricchezze. Ha trascurato ogni altro dovere, compresa l'amministrazione del paese. I suoi soldati sono infuriati con lui”.

“Ma, perché non me lo hai detto?”, lo rimprovera Timur.

“Non volevo preoccuparti fino a che le ferite non si fossero rimarginate”.

“Sono già rimarginate. Dov'è adesso Hussein?”

“I Mongoli lo hanno attaccato ed è scappato al sud”.

Timur s'infuria: “Ha rovinato i miei migliori guerrieri per il suo tornaconto! Ora il mio esercito è a pezzi. Quanti uomini possiamo ancora radunare?"

"Non più di quaranta".

"Maledetto Hussein! Prima o poi pagherà per la sua cattiveria, per la sua avidità e per la sua stupidità …"

Ksenia gli asciuga la fronte sudata: "Non ti arrabbiare, caro!"

Gli porge una caraffa d'acqua. Timur beve a lungo, avidamente. Poi si addormenta, e sogna. Sogna di trovarsi su una montagna. Zoppicando con il braccio destro piegato, si inerpica, a fatica, lentamente. Resta a lungo seduto da solo alla luce della luna.

"Il mio destino è giunto ad una svolta! Io ora, partendo da una terribile umiliazione, mi innalzerò alla massima gloria! La formica cieca e zoppa riesce a raggiungere il suo obiettivo. Io, per ora, sono ancora cieco e non vedo le vie del destino e sono zoppo per suo volere, ma è Dio che dirige il destino".

Poi, improvvisamente si ritrova nel deserto. Intorno a lui una grande folla, e lontano si vede una luce. Timur si affretta in direzione della luce. Lungo la strada vi sono tre grossi mucchi di cenere. Timur li guarda e passa oltre.

Una voce richiama la sua attenzione: "Vedi quei cinque uomini davanti a te? Affrettati a seguirli!"

Ma si scatena una violenta tempesta. Uno dei cinque, voltandosi, dice a Timur:

"La tempesta significa che l'inviato da Dio risale in cielo".

Proprio in quel momento, Timur vede in lontananza la sagoma dell'emissario del Signore.

“Per mia grande fortuna, posso inchinarmi di fronte a Lui”, mormora Timur avvicinandosi e inchinandosi dinanzi all'inviato di Dio che lo ammonisce:

“La pazienza è la chiave di volta della felicità!”

Così si alza un vento impetuoso e l'inviato si trasforma in Iblis. Ride.

“Tu, Timur, sottometti gli uomini con la forza delle armi, mentre io con la forza del mio spirito insinuo nelle loro teste la cattiveria e la crudeltà”.

Timur afferra la spada e punta la lama tagliente alla gola di Iblis.

“Un attimo... e niente più testa e neanche più cattiveria e malignità”.

Iblis smette di ridere, così Timur rinfodera la spada e si allontana nel deserto. Improvvisamente però Iblis afferra un pugnale e, girandosi di scatto, glielo lancia dietro.

Collina, tenda di Timur, si è fatto giorno. Timur lancia un urlo e si sveglia. Una mano armata di pugnale lo sta colpendo al petto e sulla schiena. Ma l'assassino non sa che Timur, anche di notte, indossa l'armatura.

“Said!”

Entrano Said e le guardie del corpo, trascinano fuori l'assassino dalla tenda lacerata.

“Che sogno terribile! Sono certo che era un sicario mandato da Hussein”.

Uscito dalla tenda, scorge una massa di uomini a cavallo che si sta avvicinando. Scende dalla collina, monta a cavallo e va loro incontro.

“Chi vi manda?”, li interroga.

“Mubarak”, risponde l'interessato facendosi avanti.

"Almeno, provi vergogna per il tuo tradimento?", lo apostrofa Timur.

Mubarak non sa che rispondere: "Ti prego perdonami! Perdona il mio tradimento! Dimentica il passato!"

"Ecco, io ti regalo una corona d'oro e la mia cintura adornata di pietre preziose – si sfila la cinta e la fa indossare a Mubarak – Questo come segno di un'amicizia che, spero, duri in eterno!"

"L'emiro Hussein è arrivato", annuncia in quell'istante Said.

Timur e Hussein si abbracciano freddamente.

"Non abbiamo ancora finito la partita a scacchi!"

Termes, strade, mattino 1368. I fanti di Mubarak entrano in città e cominciano a saccheggiare le botteghe e il bazar. Si sentono grida, imprecazioni. Improvvisamente appaiono i Mongoli. Breve combattimento. I guerrieri di Mubarak fuggono. Raggiungono il fiume, si apprestano a guadarlo, in preda al panico. I Mongoli li inseguono tirando frecce, ridono sguaiatamente vedendo i guerrieri che, stracarichi di roba, frutto delle razzie, affogano uno dopo l'altro. È così che Mubarak, completamente bagnato e ormai allo stremo delle forze, si ripresenta a Timur.

"Timur, ci è capitata una grande disgrazia! Mentre stavamo guadando il fiume Termes, tutti i miei uomini, carichi di armi e del bottino, sono periti tra i flutti! Non uno di loro è tornato alla propria famiglia! Io, io stesso mi sono salvato per puro miracolo!"

Il largo fiume Djakhun, giorno 1368. Una folla di persone su barche e zattere cariche dei loro averi, attraversa il fiume. In molti si rivolgono imploranti a Timur:

"Ilias Hodjà sta saccheggiando i dintorni di Termes e Balkhà. La popolazione è stata costretta a guadare il fiume per mettersi sotto la vostra protezione".

"Dobbiamo prendere tempo a tutti i costi! – replica Timur con imbarazzo – Dobbiamo prendere tempo! Non abbiamo ancora forze sufficienti per contrattaccare".

Dall'altra parte del fiume, appaiono i Mongoli a cavallo, si attestano sulla riva. Timur richiama il suo luogotenente.

"Ora ci divide solo il fiume. Said, io ti mando quale ambasciatore di pace presso i nostri nemici. Ti affido l'incarico, inoltre, di convincerli a desistere da azioni di guerra nei miei confronti. Cerca di perdere tempo in queste trattative. Cerca di inculcare nell'animo di Ilias Hodjà l'amore per il genere umano e il rifiuto della guerra".

Djaikhun, campo Ilias, sera. Said è in piedi davanti a Ilias e al suo emiro. Legge il messaggio di Timur:

"Tutti gli uomini che popolano la terra formano un corpo unico e integro. Chi procura sofferenze al suo prossimo, è come se tagliasse nella propria carne. L'ostilità che provoca reciproci lutti e dolori è priva di senso. Che la guerra non serva a risolvere controversie tra genti libere e felici!"

"Mi consiglierò con i miei emiri e manderò la risposta", replica gelidamente Ilias Hodjà. Ma appare titubante.

Djaikhun, campo di Timur, quella sera stessa. Said è a rapporto dal suo comandante.
"Le tue parole, da me riportate, hanno fortemente impressionato il nemico".
"Questo significa che hanno rinunciato ad attaccarmi?"
"Sì, però chiedono che ti allontani dal fiume con i tuoi soldati".
"Che fare! Per adesso le nostre forze sono deboli. Sono comunque contento che siamo riusciti ad accordarci con loro, senza spargimenti di sangue."
Ma viene interrotto da Hussein che irrompe nella tenda col terrore negli occhi.
"Che succede?", chiedono all'unisono Timur e Said allo sventurato che stenta perfino a parlare.
"I guerrieri di Ilias hanno infranto la tregua e stanno attraversando il fiume e noi siamo pochi per resistergli!"
"Maledetto Ilias!" ruggisce Timur impugnando le armi.

Fiume e campo di battaglia. Rumore di spade. Nitriti di cavalli. È sera. Si combatte da ore. I guerrieri, sempre più esausti, rinunciano finalmente a continuare la lotta e tornano ognuno al proprio accampamento.
"Che giorno terribile!", esclama Hussein lasciandosi cadere con l'armatura rovinata accanto a Timur. I reduci dal combattimento, sfiniti, si

buttano per terra dove capita, molti di solo sono feriti.

Durante la notte, Timur, alla testa di un reparto, si avvicina silenziosamente al campo avverso. All'improvviso lancia un urlo bestiale, immediatamente imitato dai suoi uomini, che, al suono delle trombe e al rullare dei tamburi, si lanciano all'attacco:
"Dio è con noi!"
"Allah! Aiutaci Allah!"
Si scatena un furioso corpo a corpo. Gli uomini di Timur sono costretti a retrocedere per l'impetuosa resistenza degli assaltati. Il loro capo, a cavallo, li rincuora.
"Allah ci protegge, la vittoria sarà nostra! – grida incessantemente – Li abbiamo sfiancati, avanti, all'attacco! Allah è con noi!"
"Allah aiutaci!", è l'urlo dei Tartari che seguono il loro capo sfidando la morte.
Il nemico accoglie gli attaccanti con bordata di frecce. Alcuni cadono feriti a morte, altri ripiegano.
"Avanti gli arcieri!" ordina imperterrito Timur.
Di nuovo uno scontro. Il nemico tenta una sortita dall'accampamento e respinge nuovamente gli attacchi.
"Emiro Timur, sono troppo numerosi, non riusciremo a vincere!"
"Vi siete persi d'animo, mi rendo conto. Ma Allah mi ha promesso la vittoria, Allah non mente! La fortuna ci assisterà, avanti!"
Corre al galoppo verso l'accampamento avversario al grido di "Allah!", subito seguito dai suoi soldati che lo imitano urlando a loro volta "Allah!". Così

irrompono come furie costringendo i nemici ad una fuga precipitosa abbandonando armi e bagagli.

"Finalmente! Gloria ad Allah! Egli ci ha concesso la vittoria su un nemico molto più forte di noi!", sospira soddisfatto Timur mentre tutti si congratulano con lui.

"Che brillante successo! Quale reggente! Custode dell'Islam!"

Da ogni parte si sentono voci che lo osannano.

"Sono felice, vi ringrazio, ma lasciate che dica ad Hussein: sarai tu colui che avrà il privilegio di poter inseguire i nemici!"

Poco distante Ilias striglia violentemente i suoi: "Buoni a nulla! Figli di schiavi! Avete svergognato la vostra arma!"

"Abbiamo combattuto fino allo stremo, ma loro sono stati aiutati dal Diavolo in persona".

"È il Diavolo invece che si è impossessato di voi! Pezzi di merda. Come avete potuto permettere che una tale banda di predoni vi sconfiggesse! Voi, i guerrieri di Djetà!"

"Gliela faremo pagare a Timur!", rispondono rabbiosamente in coro.

Tenda di Timur, nella steppa, vicino alla riva del fiume. Notte. Le sentinelle si sono assopite. Si avvicina in silenzio una schiera di Mongoli. Improvvisamente si lanciano contro una tenda. I soldati che dormono all'interno, escono di corsa in preda al panico. Vengono immediatamente uccisi. Gli altri si disperdono, correndo nella steppa. Timur invece riesce a raccogliere intorno a sé un

manipolo di guerrieri e respinge l'attacco facendo scagliare una bordata di frecce.
"Sull'altra sponda saremo in salvo! Muoviamoci!", si sgola Said.

Fiume Djakhun, mattina. Le due schiere di guerrieri si fronteggiano attestate sulle sponde opposte del fiume. Si lanciano reciproche ingiurie, fanno smorfie.
I Mongoli sfottono: "Ehi! Vagabondi! Dov'è il vostro cane zoppo? Vogliamo dargli fuoco al pelo!"
I soldati di Timur rispondono per le rime: "Carogne! Nuotate fin qua, fateci vedere il vostro coraggio! La mia lancia sta fremendo dalla voglia di trafiggervi".
Si sfilano i pantaloni, mostrando il di dietro. "Leccami il culo!". Sghignazzano.
Timur, accompagnato dagli emiri, si avvicina alla riva.
"È già un mese che ci combattiamo a parole. Non abbiamo forze a sufficienza per attaccarli, e loro hanno paura di noi. In questa situazione, vincerà colui che saprà mantenere la calma".
I Mongoli, scorgendolo, lo prendono subito di petto: "Cane zoppo! Hai dimenticato com'è fatta una frusta? Vieni un po' qui a nuoto!"
Timur non reagisce, bensì prosegue nel suo ragionamento:
"Non sarebbe male tentare una sortita stanotte".
"Abbiamo pochi uomini per un attacco frontale", precisa Said.
"Non me ne servono molti. Prenderò con me solo quelli pronti a rischiare, per cavarci lo sfizio di

dare una bella legnata a quegli strilloni. Andremo stanotte, prima dell'alba".

Nel silenzio più assoluto, Timur guada il fiume in barca con una piccola schiera di uomini. Sbarcano sulla riva opposta.
Bisbigliano una preghiera:
"Allah aiutaci! Allah! Aiutaci Allah!"
Si avvicinano all'accampamento del nemico. Silenzio. Non si vedono sentinelle. Non c'è nessuno.
"Sono andati via! Sono andati via durante la notte, sono tornati alla loro steppa! Vittoria!"
Naturalmente si levano alte urla di gioia dall'accampamento di Timur. Ma la felicità dura poco. Le sentinelle lanciano il segnale:
"I Mongoli stanno tornando!"
Ma Timur, per previdenza, ha fatto appostare i suoi su di un colle.
"Lo sapevo! Volevano che li inseguissimo per tenderci una trappola! Ora invece li colpiremo dall'alto con le fionde!"
Una pioggia di pietre si abbatte sui Mongoli facendo strage e costringendoli ad arretrare. Timur chiama allora a raccolta i suoi.
"Serrate le file. Li attaccheremo da quattro lati".
Infuria la battaglia. Timur, nell'oscurità della notte, va a sbattere contro Ilias. Esplode allora in una risata sarcastica nel tentativo di colpirlo:
"Buon viaggio all'inferno, Ilias!"
Al mattino l'armata di Ilias, continuando a tirare frecce durante la ritirata, fugge via. I guerrieri di Timur si gettano all'inseguimento. In quel momento appare Hussein, con il suo reparto.
"Sono venuto a darti man forte!"

"Alla buon'ora!", sbotta Timur.

Tenda di Ilias, dopo la battaglia. Ilias Hodjà siede cupo e smarrito, circondato dai suoi emiri.
"Ho voluto riunirvi in Consiglio, dato che vi siete coperti di vergogna per la sconfitta subita e la fuga, per chiedervi che cosa avete intenzione di fare adesso per riparare".
Arrivano alcuni messaggeri, impolverati e feriti. Si inchinano davanti a Ilias, piangendo.
"Ti portiamo una triste notizia! Perdonaci, ti prego, perdonaci! Hakhan Tugluk il Grande è morto!"
Ilias si sente allora crollare il mondo addosso e scoppia a piangere: "Che dolore, che cosa terribile! Oh, padre mio, padre dal viso potente come mille frecce! E io che mi preparavo all'ultima battaglia! Se fossi morto, non sarebbe rimasto nessun discendente per succedere al tuo trono. Ma voi, emiri, resterete nella fortezza di Karshi e la difenderete fino al mio ritorno. Prometto di tornare appena potrò".

Campo di Timur, in quel momento. Un messaggero, con ben altra disposizione d'animo, sta recando la notizia a Timur:
"Tugluk è morto! Ilias Hodjà è partito precipitosamente".
"Voi non siete dei messi – esplode la gioia di Timur – ma ambasciatori di Dio e mi avete portato la buona novella! Ho deciso che devo uccidere Ilias, così sarà la fine della sua tribù. Legate dei rami di alberi alle code dei cavalli e tenetevi pronti!"

Il reparto si muove sollevando un'enorme nuvola di polvere.

Alla vista di quel polverone i soldati di Ilias cominciano a gridare: "Si sta dirigendo su di noi con almeno diecimila uomini!"

Panico e fuga. Timur e Hussein occupano il campo mongolo. Gli emiri si avvicinano a Timur per inchinarsi e baciare la staffa, mentre i prigionieri vengono allineati davanti al vincitore. Tra loro, Timur scorge alcuni emiri che sono rimasti fedeli a Ilias.

"Prima di tutto voglio rivolgermi a te, emiro Hamid. Mi congratulo con te per la fedeltà al tuo Khan, voglio però che tu sappia che con me otterresti molta stima e successi".

"No, emiro Timur, io rimango fedele a Ilias Hadjà e non voglio sottomettermi".

"E tu, emiro Iskander? Ti sacrificheresti per difendere il reggente Ilias Hadjà? Sono meravigliato e ammirato dal vostro gesto. Passerai, tu, dalla mia parte?"

"No, io rimarrò fedele al mio signore!"

"Dimmi, come spieghi le mie vittorie su di un'armata di gran lunga più forte della mia?"

"La fama della tua invincibilità infonde una tale paura nei nostri che ogni tuo colpo ha la forza di mille colpi".

"Quale castigo dovrei infliggervi?"

"È chiaro che ci meritiamo la pena di morte – conviene Hamid – Ma nel nostro paese, lo Djetà, molte sono le persone, che considerano un dovere vendicare i propri connazionali. Conosci meglio di noi che cosa sia il costume della vendetta di sangue".

"Invece – suggerisce Iskander – se ci libererai, la fama della tua generosità attirerà molti, che si unirebbero a te solamente perché tratti in modo così benigno i prigionieri".
"La fermezza e devozione dimostrata al vostro sovrano mi ha convinto. Vi darò dei regali generosi, libererò voi e gli altri prigionieri e vi rimanderò da Ilias Hadjà!"

Samarcanda, piazza, giorno 1369. Timur fa il suo solenne e trionfale ingresso in città. Musica. La folla lo accoglie con grida di gioia.

Samarcanda, tenda di Hussein, giorno 1369.
"Sono contento che voi – si rallegra Hussein – capo della tribù Tmnì siate d'accordo con me. Diventerà Khan, non certo Timur della infima tribù Barlas, ma il nobile Djagatai della tribù Tumnì".
"Djagatai è morto" obietta il capotribù.
"Allora facciamo Khan, suo figlio!"
"Anche lui è stato ucciso!"
"Allora il nipote".
"Il nipote di Djagatai, Kabul, vive non si sa dove e, secondo le voci che corrono, in completa miseria".
"Bisogna cercarlo! Trovalo e fanne il nuovo Khan!", s'indispone Hussein chiedendosi tra sé: possibile che non intuiscano la pericolosità dell'ambizioso Timur?

Samarcanda, piazza, sera 1369. Folla di persone. Musica. Il giovane Kabul, magro e spaventato, arriva in città accompagnato da Hussein e dai suoi emiri.
"Cent'anni di vita al grankhan del Turan, Kabul!"

La folla lancia a lungo grida di benvenuto. Ad ogni grido, Kabul sussulta e si contorce come toccato dalla fiamma dell'ambizione.

Timur dall'alto osserva la scena e si confida con Said:

"È difficile ricevere degli elogi dai propri concittadini. Anche se una persona si presenta davanti a loro lucente di gloria, cercheranno di sminuirne la grandezza con ogni mezzo. Hussein, naturalmente, trasformerà il povero Kabulscià in una marionetta e lo manovrerà come gli pare. Non ha risposto alla mia lettera, non le ha prestato alcuna attenzione, ma io starò zitto. Come insegna Omar Khaiam: 'Sii saggio tra gli stupidi, sii muto e conserverai gli occhi, la lingua e le orecchie, fai finta di essere cieco, sordo e muto'. Said, raccogli i nostri averi, io andrò a Karshi e rimarrò là. Finalmente, mi si presenta la possibilità di dedicarmi un po' alle letture!"

Palazzo a Karshi. Stanza di Timur, notte 1369. Sera invernale. Vento freddo con pioggia e neve. Timur, zoppicando, cammina per la stanza, dettando allo scrivano.

"In gioventù, volevo rimanere nella moschea. Non ho forse commesso un errore desistendo? Dio ha creato gli uomini e ha popolato la terra. La terra forniva loro generosamente il cibo. Avevano prati da pascolo dove tenere il bestiame, verdi montagne e frutti a sufficienza. Dio ha creato la vita senza guerre, senza armi, senza bisogno di difesa, una vita pacifica e senza discordie, sana e scevra da bisogni. Non Dio, ma gli stessi uomini hanno creato la guerra per invidia della Sua grandezza, tentando di elevarsi su di Lui. Il potere, anche come gli altri piaceri terreni, non sono forse delle catene e fonte di continua preoccupazione e sventura? Ho 37 anni. A 35 sono diventato uno storpio. Timur-leng, Timur lo storpio, così mi chiamano: Tamerlano! Ho passato molta parte di questi anni nelle guerre e nell'odio, ho versato molto sangue mio e di altri. Da tempo aspetto la primavera, non come la stagione dei freschi e delicati profumi, ma come il periodo in cui le strade si seccano e la steppa diventa agibile per lo spostamento dell'armata a cavallo ..."

Estate. Palazzo di Hussein, giorno 1373. Nei giardini fioriti di Samarcanda, Hussein ha radunato il consiglio.
"Corrono voci insistenti che lo Djetà con un importante esercito si accinga ad attaccare il Turan. Vi ho riunito, miei fedeli emiri, e attendo una vostra decisione sul da farsi".
"Combattere lo Djetà senza la partecipazione di Timur è impensabile", interviene un emiro.
Kabulscià, seduto sul trono, crede di poter dire la sua.
"Io, vostro Khan, vi proibisco di rivolgervi a Timur! Non ce ne è assolutamente bisogno".
Ma Hussein gli toglie la parola senza tanti complimenti.
"Levatemi di torno quest'imbecille, fate in modo che non ci disturbi. Dov'è il suo precettore? Precettore, portatevi via il vostro allievo, insegnategli a fare il fantoccio come si deve, senza rompere le scatole!"

"Non osate rivolgervi a me con questo tono! Io sono il vostro sovrano!", strepita Kabulscià.

Il precettore, un uomo massiccio, lo afferra per il colletto, lo tira giù dal trono e trascina fuori della stanza il Khan urlante e piangente.

"Non ho voglia di rivolgermi a Timur – riprende Hussein – ma in caso di necessità dovremo farlo. Gli scriverò una lettera".

Palazzo a Karshi, sala udienze, giorno 1373. Timur sta leggendo la lettera di Hussein. Viene interrotto da Said.

"Uno sconosciuto chiede di essere ricevuto. Dice di essere una persona vicina a Kabulscià".

"Quel giovane sfortunato! Mi dispiace per lui. Che entri pure! Può darsi che porti sue notizie!"

Ecco il precettore con un sacco, si inchina.

"Malgrado mi abbiano nominato precettore di Kabulscià, io ho sempre pensato che il vero Khan del Turan deve essere un saggio e un coraggioso guerriero come l'emiro Timur, e non stupido e vigliacco come Kabulscià. Ti prego di prendermi al tuo servizio. E per dimostrarti la mia fedeltà, ecco …", e dal sacco tira fuori la testa di Kabulscià.

Timur invece di compiacersi del servigio, s'indigna per il tradimento: "Solo una persona malvagia può decidere di uccidere il proprio sovrano. Quest'uomo per la sua ignobile azione deve essere castigato nel modo che più si merita. Prendetelo!"

Le guardie si avventano sul precettore immobilizzandolo.

"Consegnatelo ai parenti dell'ucciso, affinché possano vendicarsi con la stessa crudeltà che si merita! – ciò detto si rivolge a Said, mentre l'uomo annichilito viene sospinto crudelmente via – Bisogna inviare un messo all'emiro Hussein, comunicandogli che io mi accingo alla guerra contro lo Djetà. Che l'emiro Hussein si unisca a me, lì".

Fiume e campo battaglia, mattino 1373. Migliaia di Mongoli fanno retrocedere i guerrieri di Hussein.

"Le schiere di Hussein – si lamenta Timur – non hanno retto nemmeno al primo attacco. Dobbiamo correre in suo aiuto se non vogliamo ritrovarci coi Mongoli in casa!"

I guerrieri di Timur incalzano il nemico. Tra i Mongoli serpeggia un senso di sbandamento, che si trasforma ben presto in panico. Che Timur-leng sia, almeno per loro, veramente invincibile?

Timur però impreca, non gli sembra che le cose stiano andando per il verso giusto: "Comunicate ad Hussein di sbrigarsi a darci il suo sostegno!"

Ma Said dopo un po' è costretto ad avvertire il suo capo:

"L'emiro Hussein se la sta prendendo comoda, Timur!"

Battaglia. L'armata nemica si ricompatta, oppone resistenza.

Timur è rabbioso: "Senza alcuna ragione Hussein non ha adempiuto alle mie disposizioni! Malgrado io l'abbia chiesto, inviando decine di messi, non si è mosso. Ora mi è chiaro! Hussein ha tradito! Dobbiamo ritirarci!"

Fiume, campo di Timur, sera 1373. Si sta facendo buio. I guerrieri esausti di Timur cercano di riposarsi. Non lontano da lì, Hussein si riunisce al suo alleato.

"Ho fatto più presto che ho potuto".

"Non sei certo arrivato al momento opportuno! Ora non abbiamo più bisogno di te!" replica Timur.

Fiume, campo di battaglia, giorno 1373. Mattino presto. Hanno inizio gli scongiuri dello sciamano Iadaghì. All'improvviso comincia a scrosciare la pioggia.

"Fiato alle trombe – intima Timur – oggi si combatterà malgrado la pioggia!"

I Tartari si muovono procedendo contro pioggia e vento. Said e alcuni cavalieri si avvicinano furtivamente allo sciamano Iadaghì e lo afferrano, trascinandolo da Timur.

"È stato lui ad attirare la pioggia! Uccidetelo!"

Said lo colpisce con la sciabola. Lo sciamano cade, e il diluvio cessa immediatamente.

"Avanti ora!" dà imperiosamente ordine Timur.

I guerrieri di Ilias fuggono.

"Inseguiteli! Suonate la musica!"

Mentre risuonano le prime note, all'orizzonte si profila inaspettatamente un enorme numero di soldati nemici.

"È l'emiro Hamid, capo degli emiri di Ilias".

"Mandiamogli incontro dei cavalieri scelti. Tu, Said, ne sarai a capo!"

Fiume, campo di Timur, sera 1373. È quasi buio. Si ode forte il nitrire dei cavalli. Si sentono delle urla. Timur, preoccupato, osserva attentamente. Ecco che appare un cavallo senza cavaliere, ecco zoppicando un guerriero ferito. Ritorna anche Said coperto di sangue.

"Il reparto è stato distrutto, tutto l'intero reparto".

Sul volto di Timur già segnato dalla stanchezza si dipinge un'espressione di dolore: "È impossibile continuare a combattere! Dobbiamo ritirarci!"

Steppa, sera 1373. Una folla impaurita si muove lungo la strada, i carri sono carichi di masserizie ed altre povere cose. Timur, con quel che resta del suo esercito, supera i civili che non lo degnano neppure di uno sguardo. Un po' più avanti incontra Hussein che, a cavallo, precede quella moltitudine di sbandati.

"Meno male che ti ho incontrato! Dov'è mia sorella Aldjan?", chiede Hussein spaventato.

"Aldjan è rimasta a casa con i bambini".

"Ma come? Non hai intenzione di fuggire?"

"No!"

Hussein s'indispone. "Non siamo riusciti a sconfiggere i Mongoli in due, e tu vorresti farlo da solo?"

"Avere il comando in due, durante una battaglia, ha sempre effetti funesti".

"Capisco! Tu mi dai sempre la colpa di tutto. Ma prova pure da solo! In ogni caso, sono sempre io, il colpevole".

"Proprio come dice il proverbio: non possa cucinarsi nella stessa pentola due teste di montone dalle lunghe corna!"

"D'accordo! Cucina pure la tua testa!"

Hussein dà un colpo di frusta al cavallo e galoppa via.

Nei pressi di Samarcanda, tenda di Timur, giorno 1373. È inverno. Timur, all'interno della sua tenda, sta seduto davanti allo specchio che porta sempre con sé, si sta guardando.
"Una sconfitta dopo l'altra. Ovviamente il nemico supera le mie forze. Ma anche prima era più forte, però noi vinceremo. Mi sembra che in quest'ultimo periodo, io stia combattendo troppo, perdendo troppo e pensando invece troppo poco. Una cosa è sicura. Sto sbagliando".
Entra Said.
"I guerrieri dello Djetà hanno saccheggiato alcune città".
"Si stanno spostando in direzione di Samarcanda. Questo mi preoccupa molto. Non ci danno un attimo di respiro".

Sera 1373. Le schiere di Timur avanzano lungo la strada innevata e scivolosa.
Una staffetta fa il suo rapporto a Timur.
"Samarcanda è assediata".
Ma Timur non si dà per vinto.
"Riusciremo a sfondare le linee nemiche. Gli abitanti sono in attesa del mio aiuto".

Samarcanda, strade, giorno 1373. Un freddo terribile attanaglia la città. Si sente il rintocco delle campane che annunciano la peste. Stanno seppellendo i morti. Timur cavalca lentamente per le strade.
"Questo freddo e in più anche la peste!"
Gli abitanti vagano in uno stato pietoso. Sbarrano le strade infreddoliti e piegati in due dal vento:

riconosciuto Timur, si inchinano e gli danno il benvenuto.

"Questa città sta soffrendo, ma un giorno rifiorirà. Costruirò qui moschee, madrese e case più belle di quelle di Bagdad, di Damasco e del Cairo. Ma ora, lascerò qui altri emiri a difenderla contro l'armata dello Djetà, e io mi dirigerò nel Taskent. Sento la necessità di pensare, di ritrovarmi con me stesso in un ambiente tranquillo".

Said però lo riporta coi piedi per terra: "Hussein sta spostandosi verso Balkh".

"Ecco! Ora ho capito il mio sbaglio! È Hussein il mio errore! Naturalmente, non ho mai avuto fiducia in lui. Ma quando tutto intorno vi sono nemici, bisogna prima definire quale sia il nemico principale. E il mio nemico principale è Hussein, non lo Djetà. Smetto di fare la guerra allo Djetà. Non avrei nessun vantaggio da una vittoria su di esso, perché l'astuto Hussein approfitterebbe della vittoria per mettere sul trono un Khan – marionetta – e io non arriverei al potere".

Karshi, fortezza, sera 1373. Timur è davanti ai suoi guerrieri allineati.

"Miei soldati! Io vi ringrazio per il sangue che avete versato e per l'impegno profuso! Non vi sgrido per la vostra viltà, perché è inutile inveire contro la debolezza o la stupidità. Voglio solo dirvi: non riponete mai le vostre speranze su di me se non dimostrate il vostro coraggio. Abbiamo davanti a noi molti giorni difficili e amari. So che voi tutti, come anche io d'altronde, siete sfiniti. Ho deciso però di darvi un periodo di riposo. Vi lascio tornare alle vostre case e vi ordino di ritornare da me per la prossima primavera il giorno della festa di Navrus ...”

Cantieri a Karshi, giorno 1373. Una folla di persone scava delle fondamenta. Tirano su le pareti delle case. Innalzano mura intorno alla città. Timur, disarmato, con il vestito sporco di argilla e di calce cammina accompagnato dal capocantiere.
“Dato che per il momento non governo io a Samarcanda, Karshi diventerà la mia capitale. Questa città non ha né delle buone mura difensife né edifici degni di nota. Chi l’ha costruita non aveva idea né della forza né della bellezza. La forza, comunque, senza bellezza, non ha senso”.
Guarda la pianta della città che gli hanno portato.
“Vostra Eccellenza, bisogna costruire i canali che forniscono l’acqua da questa parte dell’edificio”.
“Sono d’accordo. Quando il grande conquistatore Alessandro il Macedone edificò l’abitato di Alessandria, ordinò di delinearne con la farina la pianta, affinché fosse ricca e rispettata. Anche noi faremo lo stesso”.

Palazzo a Karshi, studio di Timur, mattino 1373. Aldhjan, entra silenziosamente, osserva per alcuni istanti il marito assorto nella lettura di alcune carte.
“Ti sei ringiovanito! Sei diventato di nuovo bello, come in gioventù. Vorrei da te altri figli. Mentre io non sono più né così giovane né tantomeno bella. Ma davvero vorresti altri figli da me?”
“Per le tue parole e per il tuo buon cuore Aldjan, voglio da te altri figli: io ho il compito di conquistare il mondo ed è stato predetto che molti

miei discendenti saranno sovrani. Tuttavia, anche se è piacevole occuparsi di costruzioni e della propria famiglia, è venuto per me il momento di radunare i soldati. Fra non molto sarà primavera".
"Ho ricevuto una lettera da mio fratello Hussein, ha intenzione di venire a Karshi. Sono contenta se sarete di nuovo insieme. Io vi amo e mi dispiace quando litigate".
"Aldjan, nella lotta contro lo Djetà, Hussein ha oppresso gli abitanti di Samarcanda. Molti di loro mi hanno messo in guardia contro di lui, ma io ho fatto di tutto per non infrangere le regole della lealtà tra parenti".
"Mio fratello ha molti nemici che tentano di creare disaccordo fra voi due. Ma voi non dovete rompere i vostri rapporti. I vostri disaccordi tormentano il mio cuore".

Sala udienze, giorno 1373. Il tesoriere dell'emiro Hussein con in mano i libri, è in piedi di fronte a Timur. Hussein gli sta mostrando i conti.
"I miei emiri mi hanno rovinato, le mie casse sono vuote. Ho dato ordine di esigere da loro tutto quello che hanno sperperato".
"Ti pare questo il momento di occuparsi di certe cose? – lo redarguisce Timur – Piuttosto, quando pensi che saremmo potuti rientrare a Samarcanda? Sai bene che hanno speso tutto per pagare i soldati".
"Hanno fatto spese extra. Ecco guarda! – comincia a sfogliare i libri – Guarda quanto denaro hanno sperperato".
"Quando le armate dello Djetà si accingevano ad attaccare le città del Turan, i miei emiri hanno

speso molto denaro per rinforzare le fortezze prima dell'arrivo del nemico".

"Purtroppo, poi, le fortezze hanno capitolato. Tutte le spese sono state inutili".

"Allora prenditela con me! Sono stato io a dare l'ordine di rinforzare le difese. Non avevo certo tempo di occuparmi dei conti, visto che ero sempre in guerra".

"Ma c'ero anche io!"

"Certo! C'eri anche tu con me, e in segreto invidiavi i miei successi – con rabbia – ed è questa la ragione per cui ora hai cominciato ad indagare sui miei emiri. Vigliacco, sei molto astuto! Ma io ti ammazzo!"

Timur afferra il coltello. Aldjan con un grido si para davanti allo spaventato Hussein per fargli scudo col proprio corpo: "Timur!"

Timur chiude gli occhi e rimane immobile per alcuni secondi, poi getta via il coltello cercando di dominarsi.

"La rabbia è come una temporanea pazzia. In un attimo avrebbe potuto scorrere del sangue tra parenti".

"Io ti perdono, Timur, perdono il tuo terribile pensiero. Forse neanche io avevo del tutto ragione. Ma volevo solo riprendermi ciò che mi spetta".

"Ragionando con calma, penso che non ci sia niente di sconveniente se tu cerchi di ottenere la tua parte. Anche se ora ho grosse spese per le costruzioni a Karshi, ti manderò del denaro, cammelli e cavalli".

"Anche io, come tua sorella, ti manderò del bestiame e delle pietre preziose del mio patrimonio. Sono contenta che siamo riusciti ad evitare un atto

infausto che avrebbe reso felice chi ci è nemico e, anche, che tutto sia finito in modo amichevole".
"Anche io ne sono felice!" esclama Hussein sorridendo.

Studio di Timur, sera 1373. Timur sfoga tutta la sua collera con Said.
"Ha preso proprio tutto, con avidità. Non mette limiti ai propri desideri, è perennemente insoddisfatto di ciò che già possiede. Tutto questo non può certo finire bene. Ma non bisogna avere fretta. Quando c'è di mezzo la cattiveria, si deve ragionare. Si deve ragionare bene! Tu che ne pensi, Said? Come devo comportarmi con Hussein?"
"Ti rispondo francamente, non ho alcun dubbio sul fatto che Hussein, dall'invidia che nutre nei tuoi confronti, si auguri che ti succeda qualcosa di male".
"E non potrebbe essere anche che, in parte, la colpa sia degli intrighi degli avversari? Io ho ricevuto una lettera da Musà e Al-Daris, ambedue generi di Hussein, che gli sono molto ostili. Mi chiedono aiuto, cercano in ogni modo di suscitare in me odio nei suoi confronti, quindi potrebbe anche essere che dei miei nemici seminino zizzania tra Hussein e me?"
"È molto facile verificare la sincerità di Hussein. È sufficiente inviare a Hussein, una richiesta di perdono per coloro che una volta erano al suo servizio e ora invece sono passati al tuo. Se reagirà in maniera benevola a questa richiesta significherà che nutre nei tuoi confronti sentimenti di amicizia".

Balkh, palazzo di Hussein, mattino 1373. Hussein, furibondo, sta strappando la missiva di Timur sotto gli occhi allucinati del messo.

"Non solo non sarò mai d'accordo nel perdonarli, anzi nel profondo della mia anima li vorrei annientare. Portagli i pezzi di questa richiesta ipocrita, insieme a una missiva inviatami da mia sorella, la quale mi mette in guardia, in quanto suo marito, e quindi mio parente, ancora una volta sta tramando per uccidermi".

Karshi, sala udienze, sera 1373. Timur ha in mano i pezzi della missiva stracciata, speditagli indietro da Hussein.

"Avevi ragione, Said. Bisogna farla finita con Hussein. Voglio mandarti nella regione dello Djilian per assoldare dei guerrieri".

Stanza Timur, notte 1373. Aldjan, pallida in viso, giace sul letto.

"Aldjan, perché hai scritto a tuo fratello che io voglio ucciderlo?"

Aldjan risponde con voce debole: "Non ho scritto niente del genere!"

"Sono contento di sentirti dare questa risposta! Spero che tu dica la verità. Questo significa che è stato scritto da persone a me nemiche, per danneggiarmi".

"Ho molto caldo!"

"Adesso faccio venire un buon dottore, Aldjan".

"Timur, devi riconciliarti con mio fratello Hussein!"

"No, Aldjan. Il dissidio tra me e Hussein è ormai insanabile".

"Ma io, vi amo entrambi e tremo per voi" si lamenta sommessamente Aldjan.

"Cerca di guarire, Aldjan!"

Timur bacia la moglie sulla fronte ed esce.

Karshi, sala udienze, giorno 1373. Musà e Al Darvish sono al cospetto di Timur.

"Ho sentito dire che stai radunando i guerrieri contro Hussein. Vogliamo unirci a te".

"Voi dovete, invece, tornare da Hussein e convincerlo che non voglio fargli alcun male".

"È inutile che tu creda di poter convincere Hussein. Lui ti odia! E inoltre ti pentirai di non averci voluto accogliere".

Timur resta pensieroso per qualche istante, mentre i due emiri escono col furore negli occhi.

"Non mi fido di loro! Potrebbero cambiare idea durante il combattimento. Meglio avere a che fare con dei nemici che con i traditori!"

"Non voglio darti un dolore – annuncia tristemente Said – ma Abbas e Djugai, tuoi parenti, sono passati dalla parte di Hussein ... volano di qua e di là come uccellini. Questo succede perché non esiste un potere forte, centralizzato, soprattutto ora che l'armata dello Djetà è andata via. E per fare in modo che tutto ciò non avvenga più, dobbiamo prepararci a marciare su Samarcanda".

Samarcanda, piazza, giorno 1373. Timur entra a Samarcanda. La folla lo festeggia.

"Strepiterebbero – sussurra amareggiato all'orecchio di Said – così anche per Hussein: quando non esiste un potere assoluto, il popolo è come una puttana".

Palazzo di Timur a Samarcanda, sala delle udienze, giorno 1373. Said fa un resoconto a Timur.

"Sul primo tratto della marcia in direzione di Samarcanda, Suleiman e Ciadarghi sono passati a Hussein. Fra quelli che facevano parte dell'armata di Hussein, si sono invece uniti a noi Aldarshi, Bukharì e Al Bug".

Timur ride: "Corrono tutti da una parte all'altra. Probabilmente, se io stesso passassi dall'altra parte e mi mettessi a capo dell'armata di Hussein e lo stesso facesse Hussein con la mia, non se ne accorgerebbe nessuno! Questo sì, che sarebbe un bello scherzo!"

Entrano dei messaggeri con una missiva. Timur la legge e si copre il viso con le mani. Siede a lungo, in silenzio.

"È successo qualcosa di brutto?" chiede preoccupato Said.

"Aldjan, mia moglie, sorella di Hussein, è morta!"

Di nuovo si copre il viso con le mani.

Said interroga l'uomo che ha recato la triste notizia:

"Hussein è al corrente della morte della sorella?"

"Sì, anche lui è molto addolorato".

"Ora, con la morte di mia moglie – si riscuote Timur asciungandosi furtivamente le lacrime – si interrompe ogni legame di parentela con Hussein. Ora, nei suoi confronti, non mi rimane altro che odio e ostilità!"

Quella sera stessa Timur riunisce gli emiri che gli sono fedeli.

Musà espone la situazione: "L'emiro Hussein sta radunando, in segreto, un'armata per attaccarci. Un mio reparto mandato in avanscoperta, è arrivato fino al fiume Djaikhun. Hussein ha radunato una quantità notevole di guerrieri. Bisognerà essere cauti e stare molto attenti".
"Timur – chiede Al Darvish – è vera la notizia che hai ricevuto una missiva da Hussein, proprio ieri?"
"Sì, l'ho ricevuta! Mi esprime dolore per la morte di mia moglie, sua sorella. Inoltre scrive che ora, per lungo tempo, saremo legati dal comune dolore".
"Dobbiamo stare attenti con Hussein. Se tu prevedi una riconciliazione con lui, sappi che molti di noi se ne andranno!"
Timur allora strappa in mille pezzi la missiva.
"Voi, miei emiri, dovete convincervi che, da ora in poi, solo la spada potrà risolvere i nostri problemi".

Fiume, campo di Hussein, sera 1373.
"Dobbiamo ritirarci – è l'amara constatazione di Hussein – Timur non ha alcuna intenzione di fare la pace con me. E senza una riconciliazione, il mio piano è irrealizzabile".
"Bisogna convincerlo. Io ho una certa idea ..."
Hussein e Sharbagram scompaiono all'interno della tenda per parlare senza incappare in sguardi indiscreti.

Palazzo di Timur a Samarcanda, sala delle udienze, giorno 1373. Viene ricevuto l'ambasciatore inviato da Hussein.
"Onorevole Timur! Come tesoriere, sono inviato a voi, con questo Corano, dal vostro fratello Hussein. Su questo Corano, l'onorevole Hussein ha giurato

che mai e poi mai sarà in guerra con voi. Egli mi ha pregato di riferirvi questo: se solo si permetterà di fare anche una minima cosa contro di voi, si considererà vostro prigioniero".

"Il Corano è il libro di Dio – replica Timur severamente – Se davvero Hussein ha fatto questo giuramento, non ne risponderà davanti a me, ma davanti a Dio".

"È così. Tuttavia, per rendere la cosa ancora più solenne, Hussein desidererebbe molto ripetere il suo giuramento in vostra presenza. Vi prega di incontrarvi con lui nella pianura, del fiume Zeravshan".

"Riferisci ad Hussein che verrò, perché ho sempre anelato alla pace".

Fiume, campo di Hussein, giorno 1373. Hussein si aggira con aria soddisfatta tra i suoi uomini in compagnia del suo ambasciatore appena rientrato da Samarcanda e del consigliere Sherbagram.

"Dove si trova ora Timur?"

"A Haras".

"Bene. Tu, Sherbagram, andrai avanti e io ti seguirò. Occorre preparare bene l'imboscata".

"Ho già pronti due reparti per farlo prigioniero, se verrà".

Fiume, sera 1373. Timur avanza nella pianura, circondato da un piccolo drappello di soldati a cavallo.

"Eccolo! Anche da lontano riconosco l'emiro Hussein".

"Ci sono non meno di un migliaio di cavalieri con lui", osserva preoccupato Said.

Timur fa un cenno con la mano e manda in avanscoperta i suoi uomini che, però, vengono attaccati da ogni lato dai seguaci di Hussein che, dall'alto di un colle, accanto alla propria bandiera, osserva il combattimento.

"Aspettiamo che ci portino Timur incatenato. Per non sembrare scortese gli dirò solo le poche parole che si dicono a un defunto: 'Pace a te! E molti anni di vita a noi!'. Poi cederò a lui la parola!"

E indica un uomo gigantesco con una pesante clava in mano.

"Questo uzbeko, famoso per il suo coraggio e la sua forza, concluderà il discorso con Timur!"

Si combatte. Improvvisamente, sul luogo dell'imboscata compaiono le schiere di Timur che inseguono con accanimento i cavalieri di Hussein in fuga. Hussein comincia allora a imprecare per lo stupore e la rabbia.

"Stanno fuggendo! – rivolto poi a Sherbagram che arriva di corsa – Bastardo! Mi avevi promesso la vittoria! Marcirai senza tomba!"

Fa un cenno con la mano e la clava dell'uzbeko si abbatte sulla testa di Sherbagram.

Cimitero sacro, giorno 1373. Sopraggiunge Hussein, accompagnato da un centinaio di uomini, scende da cavallo. Dalla parte opposta arriva Timur, accompagnato da una cinquantina di guerrieri, smonta anche lui. Zoppicando va incontro a Hussein. Si incontrano davanti ai mullah, schierati con il Corano in mano.

"Dimentichiamo l'antica ostilità!", propone Hussein di primo acchitto.

Timur bacia il Corano.

"Dimentichiamola!"
Anche Hussein bacia il Corano.
"Gloria all'Altissimo! La solenne riconciliazione è avvenuta!" sancisce il mullah di Tashkent.
Timur e Hussein si scambiano un inchino, poi rimontano a cavallo e si allontanano in direzioni diverse.

Palazzo a Karshi, sala pranzo, giorno 1373. Timur fa colazione con tre giovani, figli dei tre emiri del Badakhshan assassinati.
"Pur avendo perso i padri in tenera età, siete diventati degli splendidi giovani, belli e forti! Ormai pronti a prendere moglie".
"Non possiamo pensare alle gioie della vita – replica il maggiore dei tre giovani –, sino a quando l'assassino dei nostri padri camminerà su questa terra".
Anche il minore vuole dire la sua: "Io desidero una cosa sola: sono pronto a morire se è destino, ma solo dopo aver ucciso il criminale che ci ha privato dei nostri padri".
"L'Islam consente la giusta vendetta. Naturalmente, è una questione personale, e io non posso darvi alcun consiglio".
"Ma voi cosa farete, se uccideremo Hussein?" chiedono a Timur.
"Cosa farò? Andrò a consolare la vedova e mi congratulerò con voi per aver portato a termine una buona causa."

Studio di Timur, sera 1373. Entra Said.
"Un messaggero da Hussein".

Timur legge la lettera. Poi alza lo sguardo sorridendo.

"Hussein mi comunica che gli emiri del Dakhshan sono in collera con lui. Muove alla loro volta per dargli una lezione e vuole il mio aiuto".

"Cosa dobbiamo rispondergli?"

"Scrivi ad Hussein che gli auguro buon viaggio!"

"E l'aiuto che chiede?"

"Essere suoi alleati è ancora più pericoloso che essere in guerra con lui. Ma ho giurato sul Corano di rimanergli alleato e non posso violare il mio giuramento. Questa sera partiremo in suo aiuto".

Parte seconda

Nei pressi di Badakhshan, notte 1373. Bivacco. Timur dorme. Si agita nel sonno, sogna che Hussein gli porge una spada su un piatto d'argento. La lama è completamente ricoperta di mosche. Una voce: "Tutto il potere di Hussein passerà a te. Presto egli non ne avrà più bisogno!" Si sveglia di soprassalto.

Badakhshan, colline, il giorno seguente. Timur e Hussein scendono da cavallo e si abbracciano.
"Per me è stata come una liberazione quando ci siamo riconciliati. E tu, ti senti altrettanto bene?"
"Le sventure della mia patria oppressa mi impediscono di sentirmi bene".
"I figli degli emiri del Dakhshan, hanno preso la strada dei loro padri, avranno dunque, la medesima sorte!"
"Vuoi che ti aiuti a giustiziare i figli, così come tu hai giustiziato i loro padri?", replica cinicamente Timur.
"Punire i nemici con la morte è un'azione sacra. Così salvi dalla morte te stesso. Anche tu temi la morte e punisci i tuoi nemici, non è così?"
"Chi vuole innalzare sul mondo il vessillo dell'Islam, non deve temere la morte. Ma deve stare in guardia, per non perire prima di aver realizzato il proprio disegno".
"Tu non hai ancora dimenticato quella tua vanitosa invenzione. Continui a sognare di rompere quel patto, scritto dai nostri antenati su di un foglio d'acciaio. T'illudi che la sorte a te assegnata sia completamente diversa".

"Il destino è nelle mani di Dio. E si avvera ciò che egli ha stabilito per te".

Hussein sobbalza sulla sella. "Nelle tue parole, sento come un avvertimento. Mi stai di nuovo minacciando?"

"No, ti ricordo unicamente quanto prescrive il Corano, che impegna ad evitare il male".

"Io non ho mai aspirato ad impossessarmi dei beni altrui, non ho sognato la ricchezza, non ho invidiato i ricchi. Tutto ciò che tu dici, Timur, è falso e ipocrita! Sei tu, quello che sogna il potere! Tu vuoi sopraffare tutti e trasformare tutti in schiavi!"

"No. Io voglio solo levare alta nell'universo la bandiera dell'Islam. Io so che una fede giusta e un grande potere è come se fossero partoriti dallo stesso grembo. Ed è forte solo quel potere che si fonda su di una fede giusta e sull'onestà".

"Tu credi che non ti dovrai mai presentare di fronte a Dio e che non conoscerai il castigo? Come Iblis, il demonio, ti sei gonfiato di orgoglio e sei entrato nel novero degli ingrati. L'ingratitudine è quanto di peggio esista al mondo! Ricorda chi eri! Eri solo un uomo insignificante. Mio nonno, l'emiro Kasgan, è stato il tuo benefattore, ti ha dato in sposa la mia povera sorella. Ti ha reso ricco. E mi hanno detto che sei stato tu ad organizzare il suo assassinio, per impadronirti del potere. Con la perfidia e l'astuzia vuoi impossessarti del nostro paese, per poi inondare di sangue il mondo intero. Eri un miserabile e morirai miserabile. Mentre io sono nato ricco, e morirò ricco".

"Può anche darsi che io muoia povero – sospira Timur – ma non morirò per la mia avidità, come invece perirai tu."

Una freccia scagliata da dietro un cespuglio colpisce Hussein in pieno petto.

Hussein cade in terra rantolante: "Spergiuro! Questo è opera tua! Tu hai organizzato l'agguato!"

Timur è invece calmissimo. "No, non è opera mia! Tu perisci non per colpa mia, ma per colpa della tua avidità! Che sorte istruttiva la tua!"

"Maledizione! Le mie maledizioni ti accompagneranno sino al giorno del Giudizio".

Con un ultimo sforzo, afferra il pugnale e fa un passo verso Timur. Ma dal cespuglio saetta un'altra freccia che lo colpisce nel ventre.

"Perché – gli chiede Timur sommessamente, con tono di rimprovero – hai giustiziato senza alcun motivo i tre emiri di Badakhshan? Ora i figli degli emiri assassinati si stanno vendicando su di te".

Con un ultimo balzo, Hussein lancia il pugnale che sfreccia accanto alla testa di Timur e si conficca in un albero.

Una terza freccia colpisce alla gola Hussein, che cade ai piedi di Timur.

"Il mio ultimo nemico è morto. Come una formica zoppa è strisciato sino alla cima del muro e dal quel muro si apre ora davanti a lui il mondo intero illuminato dal sole e dalla luna ..."

Palazzo di Timur, Samarcanda, sala del trono, giorno 1373. Ministri e dignitari accolgono Timur con deferenti inchini.

"Sceglierò quattro ministri, giusti e clementi. Il primo tra essi: Mukhammedscià del Kharasan".

Mukhammedscià si fa avanti e si inchina.

"Vi ordino – prosegue Timur – di seguire ogni mia azione e di fermarmi ogni volta che sarò ingiusto o

crederò alle parole della menzogna o attenterò al bene altrui. Promettetemi che lo farete!"
"Lo promettiamo!", giurano i ministri in coro, convinti.
"Inizierò, poi, le guerre per la conquista del mondo e la diffusione dell'Islam in ogni luogo. La mia prima campagna sarà rivolta alla Persia dove regnano i Bramini, gli idolatri ..."

Persia, campo dei Bramini, sera 1380. Un tempio sacro. sacerdoti vestiti dibianco si genuflettono davanti alle divinità braminiche. Quattro religiosi cantano degli inni sacri, recitano ardenti preghiere. Una piccola folla si accalca davanti alla statua di una figura umana dotata di un enorme organo genitale. Cantano gli inni braminici, sollevando i figli perché possano vedere e baciare il gigantesco membro, simbolo di progenie e di fecondità. Tutto a un tratto ... un urlo!
"I Mussulmani! I Mussulmani!"
Gli uomini di Timur irrompono nel tempio e cominciano a distruggere gli idoli.
"Abbattete il tempio fino alle fondamenta!"
I sacerdoti braminici, dalle lunghe barbe bianche, si prostrano davanti a Timur.
"Abbi pietà del nostro sacrario! – gli si fa incontro il bramino anziano – Tu non conosci la nostra fede, ma ogni fede deve essere tollerante e generosa. Noi non facciamo del male a nessuno! Qui, ci dedichiamo alla contemplazione del mondo!"
"Io sono venuto per diffondere l'autentica fede".
"La vera fede non può essere portata con la spada. Discutiamo al cospetto di coloro che credono in te, e di quelli che invece hanno fede in me".

"Di che cosa dovrei discutere con te? Degli idoli di pietra con cui, come se fossero di hascish, offuschi la mente della gente? Chi sono questi idoli? Hanno un nome almeno?"

"Questi idoli di pietra simboleggiano gli otto custodi del mondo. Indra, re degli dei nel cielo. Agni, dio del fuoco. Suria, dio del sole. Varuna, dio del mare. Piavana, dio del vento. Jama, dea della morte. Kuveri, dea della ricchezza. Kama, dea dell'amore. E Ganema, della saggezza".

"Io credo in un solo Dio – taglia corto Timur – Ed il mio scopo principale è quello di diffondere la giusta fede dell'Islam in luogo delle tenebre del paganesimo e dell'idolatria. Secondo il Corano, l'idolatria è un grave peccato, che non può mai essere perdonato! – Rivolgendosi in tono benevolo agli uomini che ascoltano in silenzio – Accettate di abbracciare la mia fede?"

Si fa allora avanti un eremita con una barba bianca. "Noi onoriamo Brahma, essere unico, eterno e insostituibile, creatore e custode del mondo".

Timur non vuole sentire però ragioni. "Dice il Corano: l'Altissimo non perdonerà che gli vengano accostati altri dei!"

Ad un suo cenno, i soldati avanzano verso l'idolo armati di pesanti clave, ma i bramini e la gente sbarrano loro la strada.

"Prendete l'oro – gracchia il bramino anziano indicando alcune casse d'oro trascinate di fronte a Timur, - ma lasciate stare la statua del grande idolo miracoloso da noi adorato, protettore della fecondità e dispensatore di prole. L'idolo miracoloso possiede una tale forza che è capace di congiungersi con mille donne in una sola notte".

"Il Diavolo è ancora più forte del vostro idolo, perché può congiungersi con un numero infinito di donne in una sola notte. Tu e i tuoi sacerdoti bramini vi rifiutate di riconoscere l'Islam e preferite restare nelle tenebre? In tal caso, a cosa vi servono gli occhi che Dio ha donato per contemplare la sua verità? – Rivolgendosi al capo della sua scorta – Said! Hai sentito quello che ho detto? Pare, dunque, che non abbiano bisogno degli occhi e intendano vagare nelle tenebre".

Gli uomini di Timur afferrano il bramino per la barba bianca, lo legano e lo trascinano di peso. Il sacerdote anziano punta i suoi vecchi occhi scoloriti contro quelli di Timur e dice piano: "Il tuo cuore sarà il tuo nemico. Ti attendono grandi pene. Il sangue è salato come l'acqua del mare. Più sangue berrai, più forte sentirai la sete ..."

I soldati legano i bramini per le mani e per i piedi. Il boia strappa gli occhi a ciascuno di loro. Ogni volta, dopo averli estirpati, si ferma sul petto dell'accecato per pulire il pugnale insanguinato, sfregandolo contro la barba bianca della vittima.

Poi prendono a distruggere ogni cosa che capiti loro sottomano, mentre Timur, con aria soddisfatta, osserva silenzioso, dall'alto del cavallo, i Bramini che, liberatisi dalle corde, cercano di sollevarsi, tastano con le mani gli oggetti che li circondano, sbattono la testa l'uno contro l'altro, ricadono a terra gementi e privi di sensi.

"Quel servo del Diavolo ha stregato il mio cuore. Loro vorrebbero renderlo pavido, tenero e arrendevole. Ma il re è la spada spirituale dell'Onni-

potente e il suo cuore deve essere duro come
l'acciaio e pungente come la spada. I miei nemici
confidano nella mia debolezza, ma io soffierò
contro di loro il vento della distruzione".
L'esercito di Timur travolge ogni cosa che incontra
sulla propria strada. Case distrutte e avvolte dal
fuoco degli incendi, un'infinità di cadaveri sparsi
dovunque. Nel più completo silenzio, l'armata
avanza tra cataste di morti. Si ode soltanto lo
scalpitare dei cavalli e il fragore delle armi. Ma
improvvisamente il silenzio è rotto dal pianto di un
bambino. Un bimbo di due anni, solo, nella pozza
di sangue dei suoi cari, piange e protende le mani
verso Timur.
"Ata! Ata! Papà! Papà!"
Said punta la lancia contro il bambino, ma Timur
gli blocca il braccio e ordina di passargli il piccolo
che si calma subito, comincia a sorridere. Timur si
sfila dal dito l'anello d'oro con una pietra preziosa
e lo dà al bimbo che comincia a giocarci. Ora
Timur cavalca in silenzio, con un'espressione dura
sul viso, tra la distruzione e la morte causate dal
suo esercito, tra il dolore e la sofferenza che esso
ha portato su questa terra. Tra le sue braccia c'è il
bimbo addormentato.

Persia, campo di Timur, notte 1380. Ardono i
fuochi, un'infinità di fuochi, paiono miriadi di
stelle nel cielo. Nella tenda di tela bianca, dorme il
genganchir, il futuro dominatore del mondo. si
agita nel sonno. Il suo volto è teso. Non lontano
dorme il bambino risparmiato che invece sorride
nel sonno. Timur si lamenta. Non vorrebbe sognare, piuttosto cerca di ricacciare indietro l'immagine

che viene lentamente focalizzandosi nella sua mente. Orrende figure di spiriti lo circondano, mentre vaga per il deserto torturato dalla sete e dalla fame.

Spiriti (urlando): "Guardaci! Guardaci! Noi ci riproduciamo e ci moltiplichiamo, proprio come gli uomini. Ma il nostro corpo è fatto di fuoco sottile e di aria, mentre il vostro anche di terra e acqua".

Timur (in un sussurro): "Dell'acqua … dell'acqua!"

Spiriti (ridendo e piegandosi bizzarramente): "Vuoi bere? Vai là! Là dove spira una piacevole brezza sulla fresca sorgente!"

Timur vede una bolla d'acqua che sgorga da sotto-terra. Si accosta ad essa, ma l'acqua si trasforma in fuoco.

Spiriti: "Bevi! Bevi! Che c'è? Ti fa male? Non ci sfuggirai! Noi siamo ovunque! Nelle pietre, negli alberi e negli idoli!"

Timur: "Io li distruggerò i vostri idoli! Mi senti Iblis? Dio ha mandato te e tutta la tua stirpe di diavoli nel fuoco dell'inferno!"

Spiriti (sghignazzando): "Noi bruceremo con te nel fuoco dell'inferno!"

Timur: "Menti, diavolo! Io sono Mussulmano! Onoro il Corano!"

Spiriti: "Anche noi onoriamo il Corano! Ascoltiamo il Corano e lo ammiriamo. Noi prestiamo ascolto a tutto ciò che accade nei cieli, tu vuoi diventare il signore padrone del mondo, non è così? E noi regnamo da un pezzo su questo mondo pieno di peccati!"

Timur: "Ti riconosco! Tu sei Iblis, maledetto! Iblis!"

Iblis: "Mi hai riconosciuto! Finalmente! Mi hai riconosciuto! – comincia a sghignazzare – E dire che è un pezzo che sono accanto a te! ..."
Via via che Iblis parla e ride, aumenta il frastuono provocato dalle figure infernali.
Iblis: "Tu sogni di dominare il mondo, mentre io lo domino già. Tu sogni soltanto una stirpe numerosa. Ma guarda io che stirpe numerosa ho."
Tutto intorno a Timur, urlando, compaiono innumerevoli maiali, uomini orrendi, donne ributtanti, bestie feroci e uccelli rapaci. Tutti questi esseri sghignazzano sgangheratamente, urlano, ringhiano, stridono ...

Persia, campo e tenda di Timur, alba 1380. Timur si sveglia. Intorno è silenzio. In un angolo, le braccia spalancate nel sonno, dorme dolcemente il bambino. Asciugandosi il sudore, Timur guarda a lungo il bimbo che dorme innocentemente.
"Qui passa il confine fra inferno e paradiso. Questo bambino dorme in paradiso. Mentre per me il paradiso è inaccessibile".
Compaiono i primi raggi del sole. Timur è ancora seduto, intento a fissare il bambino che dorme dolcemente.
"Come lo invidio. A cosa anelavo, Dio onnipotente, e che cosa ho raggiunto? Forse diventerò il signore del mondo, ma un sonno così dolce e sereno non mi sarà concesso mai più. Forse il paradiso è proprio un sonno dolce e sereno? È questo il premio supremo che ricevono solo i santi eremiti e i fanciulli innocenti? Mentre il destino di tutti gli altri è ciò che ha scritto Omar Khaiam: 'Siamo venuti puliti e ci siamo abbrutiti, eravamo pieni di

gioia e ora siamo addolorati, abbiamo bruciato i cuori con le lacrime, sperperato la vita, e ora scompariamo sottoterra'."
Entra Said e lo chiama.
"Grande emiro!"
"Che vuoi?", risponde Timur con irritazione.
"Questa notte un messo ha portato una lettera da Samarcanda".
"Perché non me l'hai consegnata questa notte stessa, idiota?"
"Ho udito che stavate parlando con qualcuno e temevo di disturbare".
"Parlavo con Iblis!"
"State scherzando, grande emiro?"
"Certo, certo, scherzo. Dammi la lettera".
Prende la lettera, la legge e abbandona le braccia in un gesto di grande sconforto.
"Si avvera la maledizione dei Bramini. È accaduta una grande sciagura: nello stesso giorno sono morte mia figlia, mia sorella e la mia seconda moglie".
"La situazione a Samarcanda è tesa. I nemici diffondono perfide voci di una vostra presunta morte ..."
"E se avessero ragione? E se davvero io adesso fossi morto? Spesso, infatti, accade di morire prima di essere sepolti".
"Non ho capito, grande emiro".
"E che bisogno c'è che tu capisca? Qui è il destino che bisogna capire! Dà subito l'ordine! Interrompo la campagna e faccio ritorno a Samarcanda!"

Samarcanda, porte della città, giorno 1380. Lungo la strada percorsa dall'armata di ritorno verso

Samarcanda, si incontrano persone di ogni condizione, diseredati e ricchi possidenti una volta tanto accomunati da un'unica sventura: la guerra. Si aggirano come spettri vestiti nei colori del lutto, nero e azzurro, con il capo ricoperto di polvere.

"Che peccato che il grande Timur, un guerriero tanto valoroso, abbia fatto un'apparizione così fugace sulla terra, come rugiada portata via dal vento. Che peccato che la morte abbia trascinato nella tomba un condottiero così giusto ..."

Timur digrigna i denti, ma trattiene la rabbia che ha in corpo. "Per ora non dobbiamo dire nulla. Voglio partecipare di nascosto ai miei stessi funerali ..."

E così dicendo si calca di più il turbante sul viso.

"Ma i nemici potrebbero sfruttare la notizia della vostra morte ...", controbatte Said.

"Dei nemici si occupino i miei ministri, mentre io mi occuperò della sepoltura dei miei cari e, forse, di me stesso".

Samarcanda, grande moschea, mattino 1380. Accompagnato dal suo seguito, zoppicando più del consueto, Timur segue le bare. È pallido, ha un volto stanco e smagrito. Si ode il parlottio dei dignitari.

"Sebbene, grazie a Dio, le voci sulla sua morte non fossero vere, ha un brutto presentimento ..."

"Tre morti una dopo l'altra hanno fermato la sua megalomania!"

"Non vuole più saperne di occuparsi del potere".

"È come se fosse un'altra persona ..."

"Si dice che voglia rinnegare l'Islam ..."

Palazzo di Timur, Samarcanda, camera da letto, mattino 1380. Solo, seduto davanti allo specchio, Timur osserva la sua immagine riflessa.

"Ho capito che i presentimenti che si affacciano nell'anima non ingannano mai. Nella prima giovinezza volevo chiudermi in una moschea, consacrarmi a Dio ..."

Una voce: "Ormai è tardi. Troppo a lungo ti sei goduto la vita tra la gente".

Timur fissa lo sguardo nello specchio: un viso ripugnante e sorridente guizza per un attimo. Timur si volta a guardare indietro.

La voce: "No, no, io sono solo qui dentro di te. D'ora in avanti sarò sempre al tuo fianco, seguirò ogni tuo gesto, ti inciterò a compiere le azioni più turpi e farò in modo che tu eviti di farne di buone". Scoppia a ridere.

Timur: "Io lotterò contro di te!"

La voce: "Troppo tardi! Il sangue che tu hai versato ci unisce ormai per l'eternità! Ogni essere umano ha il suo spirito del male. Ma tu vuoi troppo. Tu vuoi conquistare il mondo intero. Perciò, accanto a te, ci sarò io stesso, Iblis, Satana in persona".

Timur (urla): "Che tu sia maledetto!" Colpisce lo specchio mandandolo in frantumi.

Iblis: "Non riuscirai a superare la mia forza. Non riuscirai ad avere la meglio su di me! E senza di me non potrai avere la meglio sui tuoi innumerevoli nemici! Ascoltami, Timur! Sii forte e deciso, percorri coraggiosamente la strada che ti è stata predetta. Sono io, Iblis, a dirtelo! E otterrai tutto ciò che vuoi".

Timur: "La mia strada è stata profetizzata dall'Alto e non da te, Satana!"

Iblis: "Non sai forse che Dio, non punisce mai personalmente gli scellerati, ma lo fa attraverso le mie mani? È Iddio stesso che ha bisogno di me. E tu, debole uomo, vorresti rifiutarmi?! Pensi di poter lottare contro di me? Come potrai combattermi se io sono ovunque e da nessuna parte!"

Timur: "Menti, spirito maligno! Io ti vedo. Eccoti! Eccoti!"

Iblis: "No, non sono lì ... - sghignazza dall'angolo opposto – Ora, ti sei convinto che sono dovunque?"

Said irrompe nella stanza con una guardia.

"Mi avete chiamato?"

Timur gli rivolge uno sguardo smarrito.

"E tu chi sei?"

"Sono io, Said, Vostra Altezza! – risponde allarmato – I ministri e gli ambasciatori stranieri sono riuniti nella sala del trono e vi attendono".

"Non vedi che sto male? Ho la testa in fiamme e le mani fredde".

"Chiamo subito un medico!"

"Non mi servono i medici. Ho bisogno di silenzio e solitudine. Sto per affrontare un lungo viaggio, ma il vento non mi è ancora favorevole".

Timur si alza, fa alcuni passi e cade a terra.

Palazzo d'Estate, terrazza, giorno 1380. Timur è disteso su di un semplice letto, ricoperto di pelli di capra. È primavera. Tutto intorno gli alberi sono in fiore. Ksenia gli porge una ciotola di latte con zucchero e miele. Timur beve, poi si pulisce le labbra e la barba. Ksenia porta il bambino salvato dalla carneficina in Persia.

"Ata!" esclama il piccolo rivolto a Timur.

Ksenia è commossa, se lo stringe al petto. "Gli voglio bene come se fosse mio figlio".

"Mamma!"

"Piccolo angelo! – sorride Timur accarezzandogli il capo – Potrà mai perdonarmi Allah?"

"Prega, caro. Dio è uguale per tutti".

"Mi è difficile pregare. Comincio e non mi vengono le parole. Qualcuno mi disturba. Mi occorre il consiglio di un sant'uomo. Ma mi sentivo talmente impuro che non avevo il coraggio di rivolgermi a un sapiente per un consiglio. Ora invece, accanto a voi due, ho provato un senso di purificazione e ho deciso di recarmi dal mio consigliere spirituale, dal santo Tabaidi ..."

Bukhara, moschea, sera 1380. Timur è seduto di fronte a Tabaidi.

"Le orrende figure che hai visto in sogno sono le tue cattive azioni. Devi pentirti per tutto il male che hai causato e allora vincerai il tuo spirito maligno".

"Padre santo – spiega Timur – ho deciso di abbandonare gli affari di stato e di separarmi da quel potere che avevo sognato sin dall'infanzia, perché evidentemente Iblis si è impossessato dell'animo mio ed io ho recato troppo dolore al mio paese e alla gente".

"Tutto è nelle mani di Dio".

"Voglio mettermi al servizio di un eremita conosciuto per la sua vita pia e devota. Vi prego, santo padre, di trovarmi un tale uomo".

"Nel mondo c'è qualcuno che ti ha appoggiato sempre in tutto. Egli si chiama Naib, il messaggero di Allah. Per lungo tempo non sei stato in grado di vederlo, ma ora si sta avvicinando il momento in cui sarà lui a posare il suo sguardo pieno di fede, su di te. Quest'uomo è Kutb, il santo".

"Come faccio a trovarlo santo padre?"

"Ti consiglio di dirigerti verso i monti Shakhlan. Ad un certo punto, troverai una sorgente, da cui sgorga un getto di acqua ora calda, ora fredda".

"Obbedisco con gioia alle vostre parole, santo padre. Vi prego di accompagnare con la vostra benedizione questo viaggio agognato ..."

Monti Shakhlan, sorgente, sera 1380. Timur sale sempre più in alto. Si guarda intorno in cerca della sorgente. Il luogo si fa sempre più arido e impervio. Il silenzio è totale. Finalmente, Timur trova la sorgente. Abbassa la mano a toccare l'acqua. È gelata. Ne beve un sorso, poi con uno scatto allontana il capo, perché dall'acqua si leva del vapore. Subito dopo l'acqua si fa di nuovo ghiacciata.

"Deve essere qui", sospira Timur.

Cena con del pane e della frutta secca. Poi prega e infine si stende per dormire. Al levar del giorno, si sveglia e ode un rumore di passi. Un uomo molto, molto vecchio, dalla lunga barba bianca, si avvicina alla sorgente, si purifica e comincia a pregare. Timur lo osserva da dietro una roccia. Ha un moto di sorpresa quando lo riconosce.

"Ma quello è il mio stalliere! È lo stesso che un giorno, nella mia gioventù, ho cacciato perché era un buono a nulla".

Monti Shakhlan, la notte seguente. Timur non riesce a prendere sonno. Fissa le miriadi di stelle che brillano luminose al di sopra delle montagne.

La voce s'impadronisce nuovamente di lui sussurrandogli all'orecchio: "Possibile che un misero vecchio qualunque, uno che faceva lo stalliere, possa essere maestro a te, che sei predestinato alla conquista del mondo? Cacialo via, oppure uccidilo!"

"Iblis! Che tu sia maledetto!" esplode Timur.

Per tutta risposta si ode un ghigno. Giunge un rumore dal campo, poi la voce svanisce nel vuoto.

Lentamente si fa mattino. Il vecchio compare di nuovo alla fonte. Compie l'abluzione e prega. Timur gli si avvicina cautamente e accenna un inchino. Il vecchio gli risponde con un sorriso.

"Desidero liberarmi dei dubbi che non mi hanno dato pace tutti questi giorni. Perciò ho deciso di parlare con te. Ma sei tu, Alì?"

"Sì, Timur, sono io".

"Alì! Tra i miei servi, tu eri quello che consideravo il peggiore. E solo adesso so quanto elevata sia la tua condizione. Permettimi di chiederti: come hai fatto a conseguire uno stato così elevato e così degno di onore?"

"Tutto ciò che noi conseguiamo dipende unicamente dalla volontà divina. L'Onnipotente mi ha ordinato di aiutarti nella tua opera di governo. E io non faccio che eseguire il suo ordine".

Il vecchio si lava. Timur lo imita. Dopodiché Alì prega e anche Timur si mette a pregare. Alla fine il sovrano si sente molto meglio.

"Ultimamente mi era difficile pregare. È da parecchio tempo che la preghiera non mi procura più un piacere così intenso come quello che provo ora!"

"Tu sei ospite di Allah, si avvererà, dunque, tutto ciò che chiederai! Sia che tu gli chieda un potere sconfinato sul mondo, oppure una protezione particolare per il tuo destino di conquistatore e signore dell'universo, tuo sogno fin dall'infanzia".

"No, io voglio lasciare il potere, voglio abbandonare il mondo, voglio vivere sui monti e ascoltare la tua parola!"

"Adesso tu sei il Naib, vicario di Maometto, il messaggero di Allah. E la grande missione di Naib è la diffusione dell'Islam tanto tra gli uomini della scrittura – ebrei e cristiani – quanto tra i pagani infedeli".

Alì Kudb si genuflette più volte. Timur segue il suo esempio. Quando Timur rialza la testa, dopo una genuflessione, si accorge che Kudb è rimasto immobile. Timur lo fissa, poi gli sfiora la spalla. Kudb è morto. Giace serenamente, il viso atteggiato ad un timido, tenero sorriso. Timur gli chiude gli occhi.

Palazzo di Timur, Samarcanda, camera da letto, notte 1380. Timur dorme. Il suo respiro è calmo. Ora sogna di trovarsi in un giardino lussureggiante. Ci sono fiori meravigliosi e di ogni genere, vari alberi da frutta, un fiume maestoso scorre in mezzo al parco e l'udito è accarezzato dalle dolci note di una melodia. Al risveglio, Timur resta ancora, per un lungo attimo, sorridente. Entra Ksenia, gli porge una brocca di latte.

"Ho fatto un sogno bellissimo – la rassicura – Tutte le mie cattive azioni saranno perdonate! Gioisci con me, Ksenia!"
Vorrebbe abbracciarla, ma lei si discosta e volta il viso, asciugandosi le lacrime.
"Che cos'hai? Perché non ti rallegri con me?"
"È morto il bambino! Lo hanno avvelenato coloro che temevano che tu lo amassi troppo e, quindi, gli avresti dato un eccessivo potere quando fosse cresciuto".
Timur s'incupisce e comincia a tremare. Si lamenta.
"L'angelo del bene mi ha lasciato. I miei nemici possono strappare da me l'amore, ma non potranno privarmi del mio odio".
Entra Said. S'inchina.
"Grande emiro, i ministri, i dignitari e le altre autorità si sono raccolte nella sala del trono e chiedono della vostra salute. Verrete?"
"Riferisci che la salute è ottima. Verrò".
Timur si alza e comincia a vestirsi, guardandosi allo specchio. Il suo viso è cupo e le labbra sono serrate. Indossa il mantello regale.
"Indossando questo mantello, rinuncio alla serenità del raccoglimento spirituale".

Palazzo d'Estate, parco, giorno 1380. Lo splendido parco del palazzo di Timur. L'alto spruzzo della fontana e sul fondo della vasca, tante mele colorate. Gli ospiti si affollano in attesa di essere ricevuti. Tra di essi molti stranieri. Tra gli stranieri, Nicolò e Clavigo, l'ambasciatore spagnolo.
"Quando siete arrivato?" chiede l'ambasciatore a Nicolò.

"Due giorni fa. Sono contento che l'emiro abbia accettato di ricevermi subito. Da noi, a Venezia, c'è un grande interesse per Timur".
"Tuttavia, a giudicare dall'insieme, direi che l'emiro non nutra un eccessivo interesse per Venezia. Io attendo già da sei giorni e l'ambasciatore cinese è già arrivato da dieci giorni e attende ancora".
L'ambasciatore cinese sorride cortesemente e annuisce.
"Noi cinesi sappiamo sempre attendere: dieci giorni, dieci anni, diecimila anni ... I nostri nemici sono impazienti, ma noi sappiamo aspettare e riflettere – sorride – Chi costringe ad aspettare troppo a lungo, si priva da solo di una gioia. Io porto al grande emiro la notizia che la principessa Kan-Jo ha accettato di diventare sua sposa".
Entra un servo e chiama il nome di Nicolò.
L'ambasciatore spagnolo sospira deluso. "Timur riceve sempre per prime le persone meno importanti!"
Nicolò si avvicina al trono e vorrebbe baciare la mano a Timur, ma qualcuno del seguito gli dà una lieve spinta.
"Da noi non si usa baciare la mano delle persone importanti!"
E così dicendo, indica con lo sguardo verso il basso.
Nicolò si piega a terra e bacia un piede al sovrano.
"Il tuo volto mi ha lasciato indifferente, ma la tua nuca mi ricorda qualcosa. In genere è dalla nuca che si riconoscono i ladri, quando scappano con la refurtiva. Tu non mi hai rubato nulla? Pensaci! Pensaci bene! Non avere fretta di rispondere".
Nicolò lo fissa a lungo. Poi mormora: "Siete voi?"

"Sono io! Sono io colui al quale hai rubato il cavallo nel deserto. E sottrarre a un uomo nel deserto il cavallo o l'acqua, significa attentare alla sua vita".

"Se non vi avessi rubato il cavallo, grande emiro, non starei più tra i vivi. Ed io confido di tornarvi utile come traduttore di libri greci o latini".

"Costui deve essere ucciso! – tuona Said – Gli occidentali sono tutti spie e avvelenatori. Portano con sé ogni sorta di oggetti cosparsi di polvere adamantina velenosa".

"Io ho portato solo libri ... - replica Nicolò tirando fuori da una borsa alcuni libri. - Questo è il filosofo Platone, questo Aristotele e questo Socrate."

"Malgrado le tue cattive abitudini – si placa Timur osservando i libri che Nicolò gli ha offerto con un inchino – ho deciso di essere generoso nei tuoi confronti ... vai dal tesoriere, che egli ti versi un sussidio come traduttore. Quanto al resto, dipenderà da te. Ma ricorda, la tua colpa resta scritta sul tuo conto, come un debito di gioco".

Palazzo di Timur, Samarcanda, giorno 1380. Nella tesoreria alcuni funzionari dividono dei mantelli, litigando fra loro. Li distribuiscono in quattro mucchi diversi.

"Ma dove li metti quelli da quattro teste? Qui ci sono solo quelle da dodici!", si doglia uno dei funzionari.

Un servo porta una pila di caffetani di seta dai colori vivaci, con grandi fiori ricamati in oro.

"E questi dove vanno?"

"Mettili con quelli da quaranta teste".

"Scusatemi – s'intromette timidamente Nicolò – ma perché chiamate così questi mantelli? Io non ci vedo disegnata nessuna testa!"
"Tu sei straniero?", chiede il funzionario ridendo.
"Sì, sono straniero".
"Vedi, il nostro grande emiro sta per partire per la guerra. Questi caffetani sono destinati in premio agli eroi. Ecco questi sono dei caffetani semplici, per esempio, andranno in premio a chi avrà tagliato quattro o più teste nemiche. Questi, invece, sono per dodici o più teste. I più belli sono per quaranta e passa teste".
"Se da voi a Roma – interviene un altro funzionario – non esiste questa usanza, allora chiedi che ti portino in guerra per vedere la consegna delle onorificenze agli eroi!"

Palazzo d'Estate, parco, sera 1382. Matrimonio di Timur con la principessa cinese Kan-Jo. Canti, balli, tavoli riccamente imbanditi. Kan-Jo indossa un abito di seta dai toni chiari, con una lunga coda tenuta sollevata da dodici ragazze. Sul capo ha un alto turbante, ricamato con filo d'oro e tempestato di diamanti e rubini, sormontato da una coroncina d'oro con perle e pietre preziose, che termina con una diadema, arricchito con enormi rubini. In cima al diadema, lunghe piume bianche che si piegano verso il basso, sin quasi a sfiorare gli occhi. I dignitari e i personaggi più illustri sono schierati in varie file e sommergono Timur e Kan-Jo le con una pioggia di pietre preziose, perle, oro e argento. Il coppiere porge su un piatto d'oro a Timur e a Kan-Jo le coppe con il vino. Nicolò osserva ogni

cosa dalla piccola folla di cortigiani, mentre Timur ascolta compiaciuto un adulatore che declama:
"Il grande emiro ha versato i rubini del vino sugli smeraldi dei campi! Mille anni! Mille anni! Felicità! Felicità! Grande emiro!"
Timur si rivolge a voce bassa alla sua sposa.
"Sei contenta, Kan-Jo?"
"Io credo al destino. L'importante è a quale ideogramma è legato il destino. E tu sei felice mio signore?"
"La felicità, come ha detto il poeta, è come una scala: quanto più in alto si sale, tanto maggiore è la sofferenza cadendo".

Samarcanda, piazza, giorno 1382.
Voci dalla strada: "Mille anni! Mille anni di felicità!"
Il corteo nuziale si mette in marcia lungo una via.
"In occasione del matrimonio dell'emiro – spiega a Nicolò il suo accompagnatore – è stato ordinato a tutti gli abitanti della città di mostrare i prodotti migliori del loro lavoro!"
Ai bordi delle strade, si accalca una moltitudine di persone che esibiscono ricchi tappeti, vasellame, calzature, abiti, ed altri manufatti della loro arte. In grandi pentoloni sui fuochi bolle il pilov. Un po' dovunque, agli angoli delle strade e delle piazze, si notano esibizioni di saltimbanchi e suonatori di strumenti musicali.
"Trecento ragazze accompagnano la promessa sposa dell'emiro", spiega l'accompagnatore al veneziano.
Nel frattempo il corteo si dirige verso la moschea dove è stato eretto un palco su cui è seduto un

vecchio magro con la barba. Cala il silenzio nell'attesa delle parole che pronuncerà il sant'uomo.

"È un vecchio uomo di scienza, santo e rispettato da tutti. Egli ha ricevuto dalla Mecca il permesso di leggere al popolo i Sacri Versetti", si sente in dovere di spiegare ancora la guida di Nicolò.

Alcuni inservienti, piegandosi con deferenza, mettono davanti al vecchio una tazza con dell'acqua. Il vecchio comincia a cantilenare i versetti, dondolandosi avanti e indietro. Quindi fa una pausa e sputa nella ciotola. Gli inservienti la sostituiscono subito con una pulita. Il vecchio riprende a leggere e poi sputa di nuovo. Ancora una volta gli inservienti portano una tazza. Poi il vecchio sputa nella bocca di alcuni neonati che piangono.

"La sua saliva è impregnata dalla santità delle parole. Poi viene venduta come un farmaco sacro".

"Chi può ottenere quel farmaco?" chiede Nicolò.

"Chi paga di più".

Kan-Jo, cercando di mascherare il ribrezzo che le suscita tutta la scena, mormora a Timur:

"Sono stanca, mio signore, vorrei dormire. Prima del sonno, sono abituata a leggere dei versi cinesi che mi infondono pace e serenità".

"Dovrai abituarti alle nostre usanze. Noi tutti nutriamo un grande rispetto per i sacri versetti e per il pensiero dei santi commentatori. Domani all'alba, per esempio, mi recherò sulla tomba dello sceicco Jasavi, dove gli indovini mi faranno le profezie alla vigilia della spedizione".

Moschea di Jasavi, giorno 1382. All'interno della moschea è situato il sacrario del santo Khazret

Jasavi. Timur ai piedi della tomba si raccoglie in meditazione.

"Khazret, santo dei mussulmani Jasavi! Io mi accingo alla conquista del mondo per diffondere la fede nell'Islam. Ti prego, predicimi il futuro proprio qui, presso la tua tomba miracolosa. Voglio sapere in anticipo se il mio disegno di realizzerà".

"Se nel corso della guerra ti troverai in pericolo – è il responso dell'indovino – basterà che tu legga un sonetto e ti sarà assicurato il successo. Ecco il sonetto magico, ripeti con me:

"Oh tu, che trasformi la notte scura in chiaro giorno, e la terra tutta in un giardino fiorito e profumato! Oh tu, che puoi rendere lieve tutto ciò che di arduo incontriamo sulla faccia della terra! Inviami il tuo aiuto in questa opera ardua! Rendi leggero tutto il peso della difficoltà!"

"Imparerò a memoria il sonetto e non lo scorderò".

"Recitalo mentalmente settanta volte, prima del combattimento e otterrai una splendida vittoria".

Persia, steppa e villaggio, giorno 1387. Timur sta pregando nella moschea mobile rosa-azzurro. Poco distante, i tesorieri distribuiscono i caffetani. Gli uomini a cavallo formano una fila davanti alla tesoreria portando donne e bambini legati alla coda del proprio destriero, mentre dalla sella penzola un grosso sacco. Quando arriva il loro turno, scendono da cavallo, e, con un inchino, fanno dono dei prigionieri a Timur. Poi ognuno scioglie il suo sacco. Lo rovescia davanti allo sguardo vigile dei tesorieri facendo rotolare per terra le teste tagliate, con o senza barba. Uno degli uomini della tesoreria conta di volta in volta le

teste, e poi, a seconda del numero, consegna il caffetano appropriato. Di tanto in tanto scoppiano dei litigi. Un tesoriere prende dal mucchio una testa di donna e la getta da parte sbraitando:
"Ma cosa mi dai? Non si accettano teste di donna!"
"Ma gli uomini erano finiti!" si giustifica il soldato.
Due servi spingono coi piedi le teste e le fanno rotolare nel mucchio comune. Ogni tanto, fra i giovani, l'operazione si trasforma in un allegro gioco. Cominciano a dare delle pedate, passandosi l'un l'altro le teste come fossero palloni. Per riportare l'ordine, Said è costretto colpire con una frustata ad un servo particolarmente scatenato. Nel frattempo, Timur, terminato di pregare, esce dalla moschea. Improvvisamente grida:
"Dammi quella testa! Quella! Quella testa lì! Ma questa è la testa del poeta Durani! – sfoga la sua indignazione – Avevo dato ordine di non toccare i poeti!"
"Ma io sono analfabeta, grande emiro!" risponde costernato il soldato.
"Che non si ripeta mai più! Vattene! Said! Affiggi dei cartelli sulle porte di tutti i poeti e di tutti i saggi. L'avevo già detto! Gli altri abitanti di Isgaran devono essere sterminati! Formate delle torri con le teste degli uomini! E fai sapere a tutti, che chi non porterà una testa, ci rimetterà la sua! – scorge Nicolò e voltandosi verso di lui – A te non piacciono le nostre leggi?"
"Ogni popolo ha le sue leggi, grande emiro!"
"Sì, noi viviamo secondo le nostre leggi. Gli abitanti di Shiraz hanno ucciso il mio governatore, per questo ho dato ordine di sterminarli tutti, risparmiando solo i poeti, i filosofi, i monaci e i

medici. Purtroppo, tra i miei uomini ci sono molti analfabeti e hanno tagliato la testa ad alcuni poeti. Perciò, ho deciso che al ritorno dalla guerra farò costruire una grande madrasa. Voglio governare un popolo istruito che sappia a chi deve tagliare la testa e a chi risparmiarla. Là dove esiste l'istruzione prospera anche la giustizia! La terra dà frutti sani, i Mussulmani vivono in letizia, ma i nemici rinnegati sono votati alla morte ..."

Persia, campo, tenda di Timur, notte 1387. Timur sta dormendo. Sogna un campo di battaglia. La luna illumina piramidi di teste. Teste, teste, teste intorno a Timur. Le teste si trasformano in brocche di vino e Timur le rompe una contro l'altra. Successivamente spacca le brocche con la spada, ma la spada si spezza.
È l'alba. Timus si sveglia al suono di una voce. Nella tenda è entrato Said.
"Ho sognato una spada spezzata. Temo che sia un cattivo segno", si confida Timur.
"Grande emiro! Tokhtamysh, Khan dell'orda d'Oro, ha attaccato il Turan con un esercito gigantesco. Sono in combutta con lui anche gli emiri dello Djetà e del Khorezm".
"Avevo il presentimento che sarebbe successo. Tokhtamysh ha dimenticato la mia amicizia, tutti i servigi che gli ho reso in diverse situazioni. È merito mio se è diventato Khan dell'orda d'Oro! Quanto alla città di Khorezm, che ho tanto amato e dove, un tempo, da giovane, ancora sotto Kasgan sono stato governatore, io giuro che la distruggerò fino alle fondamenta e al suo posto farò seminare piante d'orzo".

Khorezm, mura e collina, giorno 1388. Polvere, fragore. Crollano le mura della città sotto l'urto degli arieti. Timur osserva dall'alto. Una folla di mutilati e feriti viene spinta verso di lui.
"I ribelli si sono difesi a lungo e hanno ucciso molti dei nostri", si lamenta Said.
"Dunque non hanno paura della morte? Ebbene non li ucciderò. Quanti sono?"
"Un paio di migliaia".
"Niente male come materiale di costruzione. Metteteli vivi uno sopra l'altro, fate una pila con i mattoni e la calce".

Khorezm, mura, sera 1388. La torre urlante di corpi umani e mattoni rappresenta uno spettacolo raccapricciante. Le grida giungono sino alla tenda di Timur che sta leggendo un libro. Said giocherella con la fiamma di una candela stuzzicandola con la punta acuminata di un coltello. È annoiato. L'inazione lo getta in uno stato abulico.
"E se versassimo sulla torre del catrame bollente?", propone con sguardo mefistofelico.
"No, no, sarebbe troppo crudele – ammette Timur – Tanto più che ho la sensazione che le grida dei giustiziati stiano diminuendo d'intensità".
"E degli altri cosa dobbiamo farne, grande emiro?"
"Tutti gli altri abitanti di Khorezm vanno trasferiti a Samarcanda. Khorezm deve restare una città morta. Si deve udire soltanto il fruscio dell'orzo sotto il soffio del vento. C'è qualcosa di poetico in questo, non è vero?"
Said annuisce con un sussulto: a furia di scherzare col fuoco si è scottato un dito.

Russia, fiume Volga, tenda di Timur, giorno 1388. Un raggio di sole colpisce la testa di Timur, che sta dormendo, e risplende su di lui per alcuni istanti come un'aureola, poi si offusca e infine svanisce.
Una voce nel sonno: "Il raggio di sole da Oriente e la sua scomparsa significano l'incursione di Tokhtamysh Khan e la sua piena disfatta".

Battaglia contro Tokhtamysh, il giorno dopo.
Basso corso del Volga. I guerrieri di Timur si affrontano in battaglia campale contro quelli di Tokhtamysh. Volti selvaggi, digrignanti. Urla rauche. Nitriti di cavalli. Con il suo seguito, Tokhtamysh guada il Volga a cavallo.

In quel momento a Venezia, nella basilica di San Marco, si sta officiando la messa: risuonano le note dolci e carezzevoli di un canto melodioso. Tutto è nitido e regolare come il ritmico frangersi delle onde. Giochi di luci sui muri dei palazzi.
Quando il Doge e il suo seguito escono dalla funzione, si fa avanti un sacerdote.
"Una lettera da Nicolò".
Il Doge prende la lettera e esclama contento:
"Temevo ormai che Nicolò fosse morto …"
"La lettera ha fatto un lungo viaggio, passando per l'Ungheria e la Turchia".
"Bisogna riunire il Gran Consiglio. Da Nicolò giungono sempre notizie importanti".

Venezia, palazzo dei Dogi, quella sera stessa. Il Gran Consiglio è riunito in uno dei palazzi, ricco di quadri e di statue. Il Doge, in piedi, espone la situazione.

"Con la comparsa di Tamerlano la nostra situazione in Transcaucasia si fa sempre più difficile".

Ma il Primo membro del consiglio è di diverso parere:

"Al contrario, ciò contribuisce a ridurre la pressione dei Mongoli e dei Turchi sul Bosforo".

"Il mare ci separa dall'Asia", sembra rassicurato il Secondo membro del Gran Consiglio.

"E questa è la nostra salvezza. Tamerlano non ha una flotta e a cavallo il mare non si attraversa. Ricordiamo la storia. Gli Unni non sono riusciti ad arrivare fino a noi, mentre la nostra repubblica marinara è stata fondata proprio da profughi che sfuggivano ad Attila. Noi viviamo di commerci, non di guerre. Il nostro paese prospera. Secondo l'ultimo censimento, abbiamo appena 187 poveri su 200 mila abitanti. Ma se Tamerlano conquisterà e razzierà le nostre colonie, sarà un colpo terribile per la nostra prosperità".

"La nostra flotta è forte di trecento navi. Possibile che non siamo in grado di difendere le nostre colonie? Abbiamo sconfitto Genova e salvato così i commerci veneziani ..."

"No! Abbiamo un'infinità di nemici in Europa, che guardano con avidità alle nostre ricchezze. Per batterci contro Tamerlano, non abbiamo forze a sufficienza. Possiamo combatterlo solo con l'arma della diplomazia. Affidiamo i nostri destini all'arte dei diplomatici e all'eroismo delle nostre spie. E imploriamo l'aiuto di San Marco in quest'opera rischiosa. Occorre far pervenire a Nicolò quattromila ducati. Settecento per lui e per la sua fedele opera al servizio della repubblica veneziana, il resto per corrompere. E che il santo evangelista Marco ci protegga dalla rovina! Ed aiuti noi e i martiri cristiani della Transaucasia!"

Caucaso, Elbrus, giorno 1390. Il gigantesco esercito di Timur si snoda ai piedi del monte Elbrus. Tutti gli ufficiali, in ginocchio, tengono in mano le briglie del proprio cavallo e pronunciano il giuramento di fedeltà.

"Nel nome di Allah e del suo profeta Maometto, noi giuriamo a te, grande conquistatore del mondo, Vicario di Maometto, propagatore dell'Islam, eterna obbedienza sino alla nostra morte. Siamo pronti a morire per te, moriamo per la causa dell'Islam e di Maometto profeta di Allah!"

"Valorosi guerrieri dell'Islam – esclama Timur rivolto ai suoi giovani ufficiali – le vostre parole hanno conquistato il mio cuore. 'L'eloquenza è magia', dice il Corano. Noi non siamo giunti fin qui mossi dal desiderio di trarre piaceri e vantaggi per noi, ma per portare nel mondo le magiche e sacre parole del Corano. Che esse trafiggano il nemico più forte delle nostre spade!"

Timur scende da cavallo e si mette a pregare. Dopo la preghiera il santo Berké si toglie il cappello, leva le braccia al cielo e declama:

"Gloria a colui che ara la terra con la spada, che getta in essa, come semi di grano, le sacre parole del Corano! Gloria all'aratore e seminatore di Allah, il grande Timur! Onnipotente, concedi la vittoria a Timur!"

"Possano avverarsi le tue parole, santo discendente del Profeta! Priverò della corona il perfido

rinnegato Tokhtamysh e nominerò in Mongolia un nuovo governatore!"
Berké si piega, prende un pugno di terra e la scaglia in aria. "Lancio questa terra negli occhi dei nemici. Possano i loro volti essere anneriti dalla vergogna della sconfitta! Vai – dice poi rivolto a Timur – e sarai vincitore!"

Caucaso, battaglia con Tokhtamysh, giorno 1390. Squillano le trombe da ambo le parti e gli eserciti si affrontano. Timur segue il combattimento da un'altura e continua a ripetere tra sé e sé:
"Oh tu, che trasformi la scura notte in chiaro giorno, e la terra tutta in giardino fiorito e profumato! Oh tu che puoi rendere lieve tutto ciò che di arduo incontriamo sulla faccia della terra! Inviami il tuo aiuto in quest'opera ardua! Rendi leggero tutto il peso della difficoltà!"
Nella polvere che si è levata tutt'intorno non si riesce a distinguere nulla. Solo di tanto in tanto, spuntano, come da dietro le nuvole, ora un cavaliere di Timur che brandisce la spada, ora un arciere di Tokhtamysh che lancia una freccia, ora un volto alterato dalla rabbia, ora deformato dal dolore, dagli spasimi della morte ...
È già sera e la battaglia continua. D'un tratto, un cavaliere, proveniente da chissà dove, avvolto in modo tale nel suo 'burnus', il mantello dei beduini, che è impossibile distinguerne il volto, si avvicina a Timur:
"Che buon odore di sangue! Tu lo senti questo dolce aroma, Timur? – osa rivolgersi al sovrano senza tante cerimonie – L'aria si è intorpidita e la terra non si vede più sotto lo strato di sangue! – lo

sconosciuto scoppia a ridere – Che meraviglia! Che splendido spettacolo! Ma presto il combattimento avrà una svolta. Non temere, Timur. Il portabandiera di Tokhtamysh è stato corrotto. Presto riceverà un segno e getterà la bandiera. A quel punto Tokhtamysh sarà costretto a interrompere il combattimento ... - Il cavaliere che indossa il mantello beduino leva un braccio – Senti le grida, Timur? I nemici si ritirano!"

"Ma chi sei tu?"

Il cavaliere leva il secondo braccio: è la zampa uncinata e pelosa di Iblis.

Timur grida: "Iblis!"

Iblis (sghignazzando): "Te lo avevo detto che sarei stato sempre accanto a te. Noi siamo ormai una cosa sola".

"Vattene, diavolo, sprofonda all'inferno!"

"Non affrettarti a maledirmi! È stato detto, infatti, che la fretta è opera del Diavolo, mentre la pazienza è frutto della misericordia di Dio! Io chiederò per te che non venga ascritto a tua colpa tutto ciò che tu compi. Confida in me, Timur!"

Pronunciate queste parole, Iblis sparisce.

"Non siete ferito per caso, grande emiro" accorre Said con voce allarmata.

Timur, strofinandosi la testa, torna in sé.

"Sono molto stanco".

"Vittoria completa – gioisce Said – L'alfiere ha gettato la bandiera e Tokhtamysh si è dato alla fuga! Ha lasciato migliaia di cadaveri sul campo ed è fuggito in Georgia!"

"Dobbiamo inseguirlo anche laggiù. In Georgia e in Armenia vivono coloro che si inchinano alla croce. Occorre sollevare la cortina dell'errore che impedisce loro di vedere la vera luce. Come ha detto Maometto, il grado più elevato di santità si raggiunge solo combattendo contro gli infedeli!"

Georgia, contrade, giorno 1390. Gli uomini di Timur mettono a ferro e fuoco le contrade che incontrano al loro passaggio.
"Risparmiare solo quelli che abbracciano l'Islam!", è il categorico ordine di Timur.
Uomini e donne vengono gettati nei pozzi e ricoperti di sabbia.
"I cristiani si rifugiano nelle gole delle montagne!" segnala un soldato.
"Sterminateli! Sterminateli ovunque essi siano!"

Georgia, montagne, giorno 1390. Gli uomini di Timur danno la caccia ai cristiani sulle montagne e li colpiscono senza pietà. Una donna giovane e alta si batte accanitamente per difendere il figlioletto. Ha già steso diversi soldati. Quando infine si lancia contro di lei una moltitudine di uomini armati, la donna con le lacrime agli occhi, sussurra al figlioletto:
"Non ti prenderanno, agnellino mio!"
Così dicendo, colpisce il bambino con la spada, corre urlando incontro agli invasori e resta trafitta.

Georgia, villaggio, giorno 1390. Nella piazza davanti ad una chiesa in fiamme sono radunati coloro che hanno rinnegato la loro religione, e sono pronti ad abbracciare l'Islam per avere salva la vita. Gli uomini di Timur portano fuori dalla chiesa le icone e le gettano nel falò. Davanti alla piccola folla brucia il crocefisso. Il fuoco avvolge il corpo e il sangue di Cristo.

"Guardate! – esclama un soldato ridendo – Quello che voi adorate è solo un pezzo di legno che brucia come un ceppo qualsiasi!"

Molti cristiani piangono di nascosto. Ma quando sopraggiunge Timur tutti si inchinano al suo passaggio.

"Se volete salvare la vostra vita e risparmiarvi le pene dell'inferno dovete convertirvi all'Islam".

"Ci convertiamo all'Islam! – è la timida voce di una donna che si leva dalla piccola folla di cristiani – Ma tu ci restituirai i beni che ci hai sottratti?"

"Vi convertirete davvero all'Islam? Se farete professione di fede, reciterete le preghiere per cinque volte, compirete l'abluzione e rispetterete il digiuno di trenta giorni, allora né a voi né al vostro popolo, verrà causato alcun male. Se invece vi rifiuterete: ecco ..."

Ad un cenno di Timur, i suoi uomini gettano nel fuoco un sacerdote georgiano legato.

"Non voleva riconoscere la luce della verità".

"Ci convertiamo all'Islam!" ripetono più voci spaventate.

La gente comincia a levarsi le croci di dosso ed a buttarle nel falò.

"Il re georgiano Ippocrate, è stato fatto prigioniero! – annuncia Said indicando il re georgiano legato alla corda del suo cavallo – Cosa ne facciamo?"

"Slegatelo e conducetelo qui da me. Voglio illuminare personalmente questo cristiano parlandogli della religione di Maometto".

Georgia, tenda di Timur, notte 1390. Timur e re Ippocrate sono seduti a conversare. Sul tavolo c'è del vino e del cibo.

"Io ho letto i vostri libri georgiani e mi sono persuaso che i perfidi insegnamenti dell'uomo della Galilea rappresentano una maligna invenzione umana. In quell'insegnamento non vi è nulla di divino. Il vino eccita l'uomo e agisce sulla parte irragionevole del suo animo. E come prestar fede a chi predica di non opporre resistenza al nemico, di porgere il proprio volto per essere battuti? Così possono parlare solo gli egoisti, i pazzi e i bugiardi. Forse che le schiere dei crociati che hanno invaso le terre mussulmane non hanno razziato, tagliato teste? La vostra dottrina ripugna alla natura umana ..."

"Noi accettiamo il castigo e ci immoliamo ... per i nostri peccati", replica Ippocrate.

"Ecco dove sta il vostro egoismo cristiano. Noi Mussulmani non ci immoliamo per i nostri peccati, ma per il nostro Dio misericordioso – Prende il Corano e legge – 'Non dire che coloro che muoiono nel nome di Dio periscono, perché essi sono vivi'. Così è detto nella seconda sura. Felice quel mussulmano che è caduto in queste sacre battaglie: egli sarà un martire glorioso. E l'ingresso al paradiso è aperto per lui. Tu vuoi il paradiso, o preferisci l'inferno, dopo essere morto tra le fiamme, sulla forca, o sepolto vivo?"

Ippocrate risponde a bassa voce: "Preferirei il paradiso".

"Sono lieto che, per particolare intercessione della bontà divina, la luce sia penetrata nella tua anima infedele immersa nelle tenebre. Dunque tu,

Ippocrate, accetti di abbandonare il tuo errore e di farti mussulmano?"

"Accetto. Per la salvezza del mio popolo. Se tu farai ritorno alle tue terre ..."

"Ringrazio Allah di avermi dato la forza di convertire un altro infedele. Vai, riposati, e considera questo giorno come il più felice della tua vita".

"Considero questa giornata come la più felice della mia vita", ripete sottovoce, quasi vergognandosi, Ippocrate.

Georgia, notte 1392, campo di Timur illuminato dalle fiamme degli incendi. Tutto intorno è disseminato di cadaveri. I soldati afferrano i cristiani e li gettano nel fuoco. Alcuni vengono spinti vivi nelle fosse. Ippocrate, che ha rinnegato la propria religione per salvare il suo popolo, cammina coprendosi il volto con le mani per non scoppiare in singhiozzi. Allora Timur si rivolge a Said, come se nulla fosse:

"Noi abbiamo compiuto il nostro dovere. Adesso dobbiamo seguire le tracce di Tokhtamysh. È fuggito in Russia che è sotto il suo dominio. E noi puntiamo sulla Russia. Non avrà scampo per quanto vasto è il grande mondo!"

Campagna russa, montagne, 1392. Le steppe. È l'alba. Dopo la sveglia l'esercito di Timur riprende la marcia. Molti sono costretti a liberarsi dei loro bisogni corporali senza scendere da cavallo. Poco dopo spuntano all'orizzonte le prime macchie di betulle, i villaggi con le chiesette. Siamo già nella fascia centrale della Russia. I guerrieri passano al galoppo attraverso i villaggi. Afferrano al volo le

ragazze e le donne più giovani, le violentano sempre restando a cavallo, poi le buttano giù. Un guerriero abbranchia una vecchia ed urla, quasi a volersi giustificare:
"È tutto quello che sono riuscito a prendere ..."
"Che pessimo pescatore", lo prendono in giro.
Nel convoglio, su di un carro, Ksenia guarda con le lacrime agli occhi quelle terre a lei care ormai lasciate da tempo. Timur, circondato dal suo seguito e dalle guardie del corpo, fa il giro di tutti i reparti e ora si avvicina anche a lei.
"Allora, Ksenia, ti fa piacere rivedere la tua terra?"
"Eccome! Non esiste nel mondo intero, una terra più bella di questa, un'aria migliore, un'acqua più dolce, boschi e pascoli così sconfinati!"
"L'acqua è buona, è vero, ma l'aria è più pulita nel deserto, qui puzza di palude e di merda. E i pascoli vanno bene per le mucche, non per i cavalli. Nella regione di Kapciak sì che i pascoli sono grandi! Qui la cavalleria non può di certo svernare. E la terra è povera ..."

Russia, Elets, porte e mura, sera 1392. La città è pronta a difendersi.
"I russi hanno sbarrato le porte e vogliono resistere ad oltranza!", annuncia una vedetta mandata in avanscoperta.
"Come si chiama la città?" chiede Timur.
"Elets".
"Elets! Non si riesce neppure a pronunciare! Non mi va di perdere i miei uomini qui. Mi servono per delle campagne vere. A Bagdad! A Delhi! A Pechino! E non per queste paludi. Che gli ambasciatori dicano ai russi che siamo venuti in pace.

Non è con loro che intendo combattere. È Tokhtamysh che voglio – Quindi si accosta a Ksenia – Ksenia! Andrai con gli ambasciatori e farai da interprete".

Elets, residenza del principe, sera 1392. Gli ambasciatori di Timur, con i doni, entrano nel palazzo del principe di Elets. Ci sono anche i dignitari russi.

Ksenia traduce: "Il grande emiro Timur è giunto sin qui per liberarvi da Tokhtamysh l'infedele. Noi non vogliamo le vostre terre, né le vostre città, né i vostri villaggi. Firmate la pace con noi. Abbiamo udito che Tokhtamysh vi ha causato infinite sciagure. Egli è anche nostro nemico. Perciò lo combattiamo".

"Riferite al Khan Timur che rifletteremo su cosa decidere".

Gli ambasciatori rivolgono un inchino al principe e si allontanano.

"Sarebbe una bella cosa se cacciassimo quel pagano di Tokhtamysh. E se magari ci aiutassero anche a liberarci del tutto dai Mongoli?", s'interroga il principe.

"Sono tutti Mongoli – lo mette in guardia il voivoda – Non ci si può fidare. Sono selvaggi, crudeli e sfuggenti".

"La cosa migliore è mettere tutto a posto pacificamente – interviene un ricco mercante – Meglio cercare di cavarsela. Guardate il granduca Dmitrj Donskoj che ha sconfitto Mamaj nel campo di Kulikovo! ... Che ne abbiamo ricavato? Che Tokhtamysh è venuto a Mosca e l'ha bruciata. E ne ha ammazzati tanti, che ci sono voluti trecento rubli solo per seppellirli tutti! Un rublo ogni ottanta cadaveri ci è toccato pagare!”

Il voivoda è sdegnato da quel discorso: “Hai l’animo fatto di rubli, tu Eremei! Con la sua vittoria, il Granduca Donskoj ha restituito la speranza a tutta la terra russa!”

“Ma appena Tokhtamysh è arrivato a Mosca, il Granduca Dimitrj Donskoj ha mollato tutto, sudditi e mercanti, ed è scappato via! Macché, meglio sistemare tutto pacificamente”.

“Non disputiamo fra noi. Timur combatte giustamente Tokhtamysh e l’ha cacciato dalle sue terre. Accogliamo in pace Timur”, propone il principe.

“Bada, principe, che non succeda di essere preda di un conquistatore ancor più sanguinario di Tokhtamysh!”

“E noi affidiamoci alla santa croce! E alla benedizione della Madre di Dio!”

Il principe esce sul terrazzo. Davanti al palazzo si è radunato il popolo.

“Gente di Elets! Abbiamo subito Tokhtamysh che ha causato infinite sciagure a noi e alla nostra stirpe! Ha bruciato Mosca. Adesso nella nostra terra è venuto Timur. Dobbiamo combatterlo o no? Come dobbiamo comportarci con lui?”

“Tu lo sai meglio di noi, principe. Se ce lo ordinerai, lo combatteremo. O riusciremo a distruggerlo, o piegheremo la testa. Faremo ciò che ci ordinerai”.

“Timur è molto potente, ma egli ci promette pace. Penso sia meglio piegarci al destino e aprirgli le porte”.

“Sai tu cosa fare principe ... Sia fatta la tua volontà ...”

Elets, campo tartaro, sera 1392. Timur riflette davanti allo specchio.

"Gente testarda, questi russi. È già un secolo mezzo che sono sotto l'Orda d'Oro e continuano a ribellarsi. Gengis Khan era un grande condottiero, ed anche i suoi figli e i suoi nipoti erano tutti ottimi guerrieri, ma non erano illuminati dalla luce dell'Islam. Per prima cosa, dopo aver sconfitto la Russia, dovevano distruggere le chiese, costruire moschee e portare l'Islam al posto del cristianesimo. e loro si sono messi invece a raccogliere tributi; i tributi passano, mentre l'Islam è eterno! Mamaj si era convertito all'Islam, ma ormai era troppo debole, troppo tardi. Tokhtamysh, poi, è pavido e vile. Non ce ne sono più oggi di uomini come Gengis Khan! Eh, peccato che Gengis Khan non si sia convertito all'Islam al momento giusto! Dov'è adesso Mamaj?"

Risponde Nicolò, che è nel seguito di Timur ed è sempre intento a scrivere qualcosa.

"È scappato dai Genovesi, a Corfù".

Timur sorride.

"Se i Russi sconfiggeranno anche me, gli Italiani mi accoglieranno? Verrò da voi a studiare i libri latini". E scoppia a ridere.

Elets, porte e mura, sera 1392. Si odono i rintocchi di una campana. Si spalancano le porte della città e gli abitanti escono in fila. Alla loro testa ci sono il principe e i dignitari.

"Gloria ad Allah! Quando sconfiggerò e conquisterò il mondo intero, questo suono non esisterà più. Distruggerò tutte le chiese cristiane e proibirò il culto di Cristo. E sterminerò tutto coloro che non abbracceranno l'Islam. Solo così potrà essere stabile la vittoria dell'Islam e sarà adempiuta la volontà dell'Onnipotente".

Nel frattempo il principe e i dignitari si sono avvicinati. Si inchinano a Timur. Una fanciulla alta e slanciata gli offre, secondo l'usanza russa, il pane e il sale dell'ospitalità su un piatto dorato. Timur prende il pane e lo getta per terra. È il segnale. I suoi uomini, fra risate e grida di scherno, cominciano a menare fendenti e a legare i prigionieri. Quindi irrompono in città, saccheggiano, bruciano case e chiese. Schernendoli pesantemente, legano il principe, il voivoda, il mercante e gli altri dignitari, poi li stendono per terra e ci mettono sopra delle tavole di legno su cui si siedono Timur e i suoi emiri per mangiare. Mentre mangiano, con le mani unte di grasso, il riso pilov, grossi pezzi di carne e una densa poltiglia di pasta, bevendo cumis (latte fermentato di cavalla), sono intrattenuti dalla musica e dagli scherzi di comici e buffoni, al seguito come prigionieri, che mimano due fumatori di oppio che litigano e fanno a botte in modo ridicolo; rappresentano anche dei tipi che si stanno lavando al bagno turco; raccontano ogni sorta di storielle.

Primo buffone: "Perché quando all'alba il gallo si sveglia solleva una zampa?"

Secondo buffone: "Perché se le sollevasse tutte e due cadrebbe per terra ..."

Risate.

Un buffone mangia pesce bevendo sopra del latte. Qualcuno gli chiede: "Non hai paura a riempirti la pancia di pesce e di latte contemporaneamente?"

Terzo buffone: "Ma il pesce come fa a sentire il latte? Non è morto?"

Tutti scoppiano nuovamente a ridere.

Emiri e soldati si rimpinzano di cibo, ridono sguaiatamente ascoltando i comici, tracannano vino e bianca vodka russa. Mentre si danno alla pazza gioia, sotto le assi di legno il principe e i dignitari russi gemono, rantolano e muoiono tra gli atroci tormenti provocati dai loro arti spezzati. In disparte, Nicolò e Ksenia osservano la scena.

Ksenia si rivolge sottovoce al giovane italiano: "Io li ho ingannati ed essi muoiono. Ti supplico Nicolò, aiutami: uccidimi!"

"La vita è un dono di Dio e io non posso levartela: è peccato. Ed anche morire di propria volontà è peccato".

"Io penso che per me il peccato sia quello di restare in vita. Addio, Nicolò, che Dio ti protegga".

E si allontana nella notte.

Elets, bosco, quella notte. Timur attraversa la radura di un bosco e vede Ksenia impiccata al ramo di un albero. Ferma il cavallo e sosta in silenzio.

"La guerra ha le sue leggi e i deboli muoiono. Staccatela e seppellitela nel bosco; scavate una fossa profonda, di modo che le bestie non disturbino il suo sonno".

Assiste in silenzio alla sepoltura di Ksenia.

"Non andrò a Mosca! A che mi serve questa città distrutta? Io e l'esercito siamo sfiniti, abbiamo bisogno di riposo ..."

Dentro le mura di Elets, sembra intanto svanita la furia di quel banchetto infernale. Ciotole con avanzi di cibo, bicchieri e bottiglie rovesciati. Sotto le tavole di legno ci sono ancora i corpi dei dignitari russi con le ossa spezzate. Nubi di fumo si levano dai fuochi spenti.

Russia, pascolo cavalli, giorno 1392. Basso corso del Volga. Silenzio. Pace. Migliaia di cavalli senza sella brucano l'erba, nitrendo di gioia.
Stanco ma sereno, Timur guarda i cavalli che pascolano.
Nicolò gli sta leggendo una traduzione dal latino.
"Un cavaliere di nome Lineo aveva un cavallo bello, veloce e coraggioso. Come se non bastasse, questo cavallo era resistente in guerra se occorreva inseguire il nemico o se c'era la necessità di darsi alla fuga. Ebbene, un giorno, a causa di una ferita riportata in battaglia, quel meraviglioso cavallo perse l'occhio destro. Lineo comprese tutta la gravità dell'accaduto, perché lo scudo che portava cavalcando, andava a ricoprire proprio l'occhio sinistro, rendendo così il cavallo completamente cieco. Allora Lineo portò il cavallo al tempio per implorare l'aiuto divino. Quando al cavallo fu restituita la vista, cominciò a saltare e nitrire parve persino più alto e più bello".
"Gli animali sanno ripagare il bene col bene. E ciò li distingue dagli uomini. Come si chiamava il cavallo del conquistatore del mondo Alessandro il Macedone?"
"Bucefalo. Ho tradotto un brano della sua storia: un giorno il re Filippo interrogò l'oracolo per conoscere il nome di colui che avrebbe regnato

dopo di lui. E l'oracolo rispose: 'Colui che saprà cavalcare il cavallo di nome Bucefalo!'. Il cavallo si chiamava così perché su un fianco aveva un marchio a forma di toro ..."
Timur si leva in piedi, va verso il pascolo guardando i garretti dei cavalli. I cavalli protendono il muso verso di lui ed egli dà loro da mangiare. Adesso l'espressione del suo viso è dolce e buona. Nicolò lo segue rispettosamente, continuando a leggere:
"Un giorno ad Alessandro accadde di passare accanto al luogo dove era tenuto Bucefalo. Udì un terribile nitrito. Rivolto agli amici, chiese: 'Amici, che cos'è mai questo? Un nitrito di cavallo o un ruggito di leone?' 'Il Bucefalo', gli risposero. 'Tuo padre ha dato l'ordine di rinchiuderlo perché è antropofago'. Il cavallo aveva sentito la voce di Alessandro e nitrì ancora, ma questa volta in modo lamentoso e dolce. Alessandro vide i resti degli uomini uccisi dal cavallo e provò compassione per lui. Allontanò i guardiani e aprì il recinto ."
"Anche se i Greci erano pagani, comprendevano la saggezza degli auspici superiori. Si può provare compassione non solo per l'ucciso, ma anche per l'uccisore di una moltitudine di uomini, poiché egli, umile, debole essere, si fa carico del pesante onere del disegno superiore. I nemici mi calunniano, dicono che sono folle e crudele. Perciò, per ristabilire la verità, non appena il tempo me lo consentirà, voglio cominciare a scrivere la storia delle mie gesta, per raccontare ai posteri la verità su di me e le mie imprese, proprio come ha fatto Alessandro il Macedone. E tu, Nicolò, tradurrai i

miei scritti dalla mia lingua in latino. Sei soddisfatto della ricompensa per il tuo lavoro?"

"Sì, grande emiro, siete molto generoso".

"Io pago sempre bene i poeti, gli storici e i filosofi. Traduci bene il conquistatore Alessandro il Macedone ed avrai il doppio".

"Farò del mio meglio, grande emiro".

"Per conquistare il mondo, devo seguire la strada di Alessandro il Macedone. Prima di tutto devo sconfiggere lo scià di Persia Mansur, come il Macedone sconfisse il re di Persia Dario ... - viene interrotto da un prolungato fischio – Senti? È già cominciato il banchetto ... è tempo di gustare i piaceri della tavola e dell'amore".

"Io no, grande emiro, ho fatto voto di astinenza, di condurre una vita morigerata".

"Attimo dopo attimo la vita passa, dice un nostro poeta, che questo attimo rifulga di allegria. Bada, la vita è l'essenza della creazione, come la trascorri così essa svanisce".

"Io desidero trascorrerla nella meditazione. E piuttosto, per seguire i consigli di Omar Khajam, molto meglio che mi dedichi alla traduzione dei suoi versi".

"Che dire ... A chi tocca in sorte il vino, a chi la sete ... Auguri!"

Accompagnato dalle sue guardie del corpo, che lo seguono costantemente, Timur si dirige a passo rapido in direzione dei rumori della festa.

Fanciulle, dai lunghissimi capelli raccolti in trecce che toccano terra, porgono il vino in coppe dorate. Timur è allegro e contento. Ascolta le canzoni, guarda le danzatrici. Attorno a lui, tavole riccamente imbandite. Il cibo abbonda oltre misura e il vino scorre a fiumi. Poco distanti, rinchiusi in un recinto, gli schiavi catturati in guerra sono costretti ad assistere alla scena. Si ode lo sferragliare delle catene. Alcuni servi gettano loro avanzi di cibo che gli schiavi divorano avidamente. In un recinto separato ci sono i prigionieri nobili, fra i quali il re georgiano Ippocrate: ad essi portano riso pilov, frutta e vino. I semplici schiavi, che mangiano i resti, imprecano contro gli schiavi di nobili origini e li colpiscono con ogni sorta di rifiuti, fra le risa delle guardie.

Il re georgiano Ippocrate, incatenato, mangia il riso e piange. Una scorza di anguria, lanciatagli contro da qualcuno, è caduta nella sua ciotola, schizzandogli i chicchi di riso sul volto. Quando però, per rispetto della sua condizione di schiavo nobile, gli conducono una donna, non più giovane e neppure bella, smette di piangere e si rasserena. In quanto neoconvertito gli viene inviato anche il mullah.

"Ora tu sei un mussulmano e io sono venuto per ricordarti ciò che prescrive il Corano – e legge – 'Nel nome di Allah, misericordioso e compassionevole, o fedeli, purificatevi dopo esservi congiunti con le donne. Quando sarete in viaggio e qualcuno di voi venisse dalla latrina, o abbiate toccato le donne, compite il rito dell'abluzione, lavate il viso e le braccia fino ai gomiti e sin quasi alle ascelle. Dio non vuole imporvi alcun peso, ma vuole rendervi puri'."

"Adempirò le prescrizioni divine".

Così dicendo, il neoconvertito Ippocrate si allontana con la donna.

Il mattino seguente una moltitudine di comandanti e di guerrieri ottempera al rito dell'abluzione.
Anche Timur, nella sua tenda, compie il medesimo rito. Con lui ha dormito una donna giovane e bella. Nel cielo si è alzato il sole. I cavalli che vagano liberamente nelle radure sono di nuovo imbrigliati, mentre gli schiavi vengono radunati a frustate. Timur dà le sue ultime disposizioni a Said.
"Lascio l'esercito e il bottino a comandanti esperti. Io faccio ritorno a Samarcanda".
Interviene Nicolò.
"Posso venire con voi, grande emiro? Devo prendere nella biblioteca di Samarcanda dei libri che mi servono per le traduzioni".
"Va bene. Mi distrarrai lungo il viaggio con le tue traduzioni. Sì, ci siamo divertiti in questo posto ..."
"Si capisce guardando questi prati calpestati e profanati ..."
"È un peccato, è vero. Anch'io amo la bellezza dei fiori. Eppure anche Dio, che ha creato tutte queste meraviglie e questa bellezza terrestre, quando vuole provocare un terremoto, o un'altra calamità, o una guerra, ne affida il compito all'angelo della morte Gabriele, le cui mani, è detto, serrano le viscere della terra. Così faccio anch'io, che, come conquistatore del mondo per volontà dell'Onnipotente, serro le viscere della terra e devo sacrificare la bellezza nel nome dell'Islam, capovolgendo ogni cosa ..."

Mosca, palazzo principe Vasilii, giorno 1393.
"Timur – è lo spaventato annuncio del Principe Vasilii – avanza nella terra russa con un esercito

imponente. Ha già superato le terre tartare e l'Orda d'Oro, si è avvicinato ai confini del principato di Riasan, occupato la città di Elets e martirizzato il principe e la sua corte. Bisogna radunare l'esercito al più presto e marciare verso il nemico in direzione del fiume Oka. Santo metropolita benedici la nostra lotta contro il carnefice dei Cristiani".

Il metropolita ha un solo pensiero: "Correte a prendere nella città di Vladimir l'icona della Santa Madre Divina. Pregheremo davanti a lei e troveremo la forza per liberarci dei Mussulmani".

Fiume Oka, campo di Timur, 1393. Timur chiede ad una vedetta: "Cosa fanno i Russi?"

"Pregano".

"Pregano?"

Said ride: "Sì! Stanno pregando il loro Dio dipinto su una tavola. È il momento di attaccare!"

"Che preghino pure, poveri disgraziati. Noi faremo altrettanto".

Timur scende da cavallo e tutti i guerrieri si inginocchiano assieme a lui per pregare.

Fiume Oka, rive, giorno 1393. Il giorno è chiaro, pieno di sole, canto di uccelli, l'acqua del fiume scintilla. Sulle sponde contrapposte le due schiere, pronte a scagliarsi l'una contro l'altra, pregano ciascuna il proprio Dio.

Timur, che nel frattempo ha deciso di non penetrare in Russia, sorride assistendo alla scena dei Cristiani raccolti in preghiera: "Che pensino pure, quei disgraziati, che a salvarli sia stato, non il mio calcolo assennato, ma la loro Santa dipinta di smalto. A cosa ci servirebbe ora la povera e distrutta città di Mosca? Torneremo verso casa, passando per città ricche, là i nostri guerrieri potranno divertirsi ...”

Il mattino seguente dal campo russo si levano grida di gioia.

“Timur è andato via! Siamo salvi!”

“È fuggito via terrorizzato! È chiaro che si è ricordato della sorte di Mamaj!”, s'infuoca il principe Vasilii.

Il metropolita invece, asciugandosi le lacrime, ha un'altra spiegazione: “Ci ha salvati la Madre di Dio! Santa Maria Madre di Dio! Ringraziamola con la preghiera”.

E mille soldati russi, di nuovo si genuflettono davanti all'icona della città di Vladimil.

Persia, dune, steppe, giorno 1393. Un colombo viaggiatore vola sulle dune del deserto, sulla steppa, sulle mandrie in corsa di gazzelle e asini selvatici. Quindi sorvola il cortile di una moschea. Si abbassa sul tetto della costruzione. Nel cortile posteriore del luogo sacro, ciechi e storpi recitano dei versetti del Corano davanti alla tomba del santo, gridando:

“Oh, Bakh-Eddin, liberaci, allevia le nostre sofferenze!”

Un uomo stacca dalla zampa del colombo una lettera e la lega alla zampa di un altro colombo.

Il Cairo, strade e piazze, giorno 1393. Una folla chiassosa. Il colombo si posa sul davanzale di un chiosco di vino. Il venditore di vino leva la lettera dalla zampina del colombo e scende in strada.

Attraversa una serie di vicoli e piazze, finché raggiunge una via commerciale: ad un angolo incontra un acquaiuolo che grida:
"Oh Allah onnipotente, non esiste altra bevanda che quella di uva passa, non esiste altro incontro che con l'amata ..."
L'acquaiuolo gli porge una brocca d'acqua da cui il venditore finge di bere un lungo sorso. Poi, insieme ad una moneta, gli porge la lettera.

Venezia, piazza San Marco, sera 1393. Sulla piazza si sta esibendo una compagnia di commedianti. Fra gli spettatori c'è anche il Doge con il suo seguito. Entra in scena Giuda e con lui un gra numero di uomini armati di lance e spade.
Giuda: "Egli è colui che io bacerò. Prendetelo e conducetelo via. Ma fate attenzione".
Dal pubblico si levano grida e imprecazioni: "Eccolo! Eccolo! Maledetto Giuda, ecco che è entrato!"
Giuda si avvicina a Gesù e lo bacia. Immediatamente gli uomini armati si scagliano contro Gesù.
Gesù: "Giuda, col tuo bacio hai tradito il figlio dell'uomo".
Gli spettatori continuano a vociferare: "Dagliele, dagliele ..." E cominciano a tirar sassi ed ogni sorta di rifiuti addosso a Giuda.
Pietro: "Dobbiamo usare la spada, signore?"
Gesù: "Riponi la spada. Chi di spada ferisce, di spada perisce ..."
Risuonano le note di un canto religioso. Uno dei commedianti fa il giro degli spettatori con un piattino in mano per raccogliere le offerte. Un

inserviente si avvicina e porge una lettera al Doge. Il Doge scorre le righe con sguardo veloce:
"Sia ringraziato il dolcissimo nome di Gesù. Nicolò comunica che Tamerlano ha arrestato la sua marcia a Occidente ed ora intende muovere alla volta della Persia, dell'Iraq, dell'India e poi, forse, della Cina. Alessandro il Macedone se ne andò in Asia e fu così che l'Europa si salvò. Gengis Khan voleva conquistare il mondo, ma si fermò in Asia. Dobbiamo pregare perché le cose non vadano diversamente con il nuovo despota asiatico Tamerlano, che sogna di distruggere il cristianesimo e alzare sul mondo il vessillo dello spietato Islam. Occorre infiltrare un altro uomo in aiuto di Nicolò. È difficile cavarsela da soli fra gente perfida e malfidata".

Palazzo d'Estate, notte 1393. Kan-Jo abbraccia teneramente Timur.
"Vi aspettavo, mio signore".
"Hai ricevuto i doni che ho inviato a te e alle altre spose?"
"Sì, sono lieta dei vostri doni, mio signore".
"Ma il tuo viso non è troppo allegro".
"Perdonate signore".
"Kan-Jo, io sono un uomo semplice e impulsivo per natura, ed agisco sempre così come mi dettano i sentimenti. In te, invece, prevale il principio raziocinante del confucianesimo. Nulla sbaglia così spesso come la ragione. Non a caso il proverbio recita: 'Prega Dio di difenderti dalla ragione'".
"Il mondo è grande e vario, e tu vuoi che in esso trionfi il solo Islam. Il confucianesimo insegna la gentilezza ..."

"Ma chi è troppo gentile, mente sempre".

Kan-Jo arrossisce.

"Perché definire menzogna la cortesia e il dimostrare rispetto?"

"Io lo so. Voi cinesi addirittura odiate le persone scortesi. Io so che in Cina mi odiano e mi augurano tutto il male possibile. Speravano che mi sarei impantanato nel fango di Mosca, ma io ho altre mete. Bagdad, nata dalla leggenda, con i suoi splendidi cavalli, Il Cairo millenario ... Non a caso si dice: 'Chi non ha visto Il Cairo non ha visto il mondo'. Certo, solo la Cina mi può conferire il titolo di conquistatore del mondo. Lo so: in Cina mi considerano un brigante ed aspettano la mia morte, si rallegrano ad ogni mio insuccesso, ma io rispondo loro, ricordando questi saggi versi: 'Quando il destino, crudele e spietato, vi scaglia contro il suo dardo affilato, dite a chi gioisce del vostro dolore: anche per voi verranno tristissime ore'".

"Mio signore, io sono la tua sposa e non esiste al mondo persona che mi sia più cara di te. Se io avessi saputo che, oggi, vi sareste adirato con me, sarei morta sin da ieri dal dolore".

Timur attira a sé Kan-Jo, l'accarezza. Sul viso della donna torna il sorriso.

"Ti chiedo scusa – le sussurra sorridendo – sono mortificato. Come vedi, anche io so comportarmi secondo le regole del confucianesimo".

"Il confucianesimo non consiste unicamente nella ragione, ma anche nel cuore ..." Kan-Jo si stringe a Timur e aggiunge con un filo di voce:

"Comunque, io morirò prima di te".

"Perché dici così? Tu sei giovane, mentre io sono già vecchio".

"Dice un proverbio cinese: 'Se la sposa non è nemica del suo sposo, essi non vivranno insieme sino ai capelli bianchi'".

"C'è del vero in queste parole? Ed anche se fosse, a che pro questa verità? Durante la campagna di Russia ho pensato spesso a te, soprattutto di notte. E nel sonno ti ho immaginato un'infinità di volte accanto a me. Oh, se di notte non venissero a molestarci visioni turpi, se non mi bruciassero i ricordi, le lacrime non righerebbero le mie guance. Cerco di insegnare la pazienza all'animo mio. Ma la fiamma che mi consuma non posso spegnerla da me stesso".

"So che tu mi ami. Lo so perché mi sono giunte voci che in guerra ti sei preso una nuova bella concubina. Da noi in Cine le spose sono intelligenti. Di loro si dice che, se il marito si è scelto una bella concubina, significa che egli ama la moglie, e la sposa fa sempre il possibile perché egli a una bella amante con cui eccitare la sua forza di uomo. Mi piacerebbe vedere la tua nuova concubina".

Timur chiama un servitore.

"Fai venire dall'harem Bartakshin".

Il servo esce con un inchino.

"Mio signore, io so che tu capisci la poesia e perciò mi piacerebbe, quando verrà il momento, leggerti i poemi Fu dei poeti della dinastia Khan. Nessuno ha scritto dell'amore meglio di loro".

Entra un eunuco che accompagna la ragazza. La giovane fa un inchino a Timur e a Kan-Jo. Kan-Jo comincia a osservarla criticamente agitando il ventaglio.

"Falla spogliare".

La fanciulla si spoglia nuda e Kan-Jo la osserva agitando sempre più in fretta il ventaglio.

"Vero che è bella?" Chiede Timur compiaciuto.

"Bella è bella, ma non ha alcun fascino. Per una tenda di guerra, può anche andare bene, ma è molto rozza. Puzza in modo intollerabile. Evidentemente, è la prima volta che usa creme e oli per i capelli e si è unta in modo nauseabondo. Ordinale di uscire".

Timur fa un cenno all'eunuco. La fanciulla si veste rapidamente ed esce.

"Mio signore, ti prego di confidare in me e nel mio amore. D'ora in poi ti sceglierò io stessa le amanti. Ti ho già preparato un piccolo dono".

Kan-Jo batte le mani e dalla stanza accanto entra una giovane cinesina che s'inchina alla volta di Timur.

"Si chiama Khun-Jan – spiega Kan-Jo – Non è vero che è bella?"

Timur sorride imbarazzato: "È bella".

"Come si suol dire, un frutto non ancora colto. Per lei è scoccato il settimo giorno della settima luna ed è come un diaspro solitario. Sembrano davvero fatti per lei questi versi: 'Nell'acqua trasparente si riflette la freddezza dell'uomo'. È un poeta della dinastia Fu".

"Cosa fa la ragazza?"

"Kun-Jan impara l'arte del canto. Canta molto bene".

"Khun-Jan – ripete Timur rivolto alla cinesina – dicono che canti bene. Canta qualcosa".

"Vorrei una tazza di vino cinese al gelsomino. La voce viene più nitida".

Viene servito il vino in piccole tazze. Khun-Jan beve. Poi si siede davanti ad un piattino metallico, si leva dai capelli una forcina d'avorio e comincia a cantare, battendo il ritmo con la forcina sul piattino.

"Sono lieta che adesso il mio caro sposo abbia un'amante così giovane e bella", sussurra sensualmente Kan-Jo all'orecchio di Timur senza disturbare il dolce canto della ragazza.

Samarcanda, mercato dei cavalli, mattina 1393. Venditori ed acquirenti trattano senza smontare. Chiasso. Nitriti. Le donne, in sella, vendono latte di giumenta. Il liquido è conservato dentro recipienti di pelle di montone e viene versato con grande abilità nella bocca di chi ha sete. Accanto alla bottega di un barbiere, sono seduti per terra alcuni fumatori d'oppio. Uno ride allegramente, un altro trema di paura. Nel mercato ci sono quindici botteghe di barbiere dove si radono le teste. In una di esse entra un uomo vestito da mercante. Il barbiere comincia a montare la schiuma in una ciotola e intanto, come si usa, rivolge delle vaghe domande al cliente.

"Da dove vieni, nobiluomo, e che merci hai portato?"

Il mercante socchiude gli occhi dal piacere quando il barbiere comincia a bagnargli i capelli.

"Varie. Tessuti, articoli di lana..."

"Non hai portato prodotti dalla terra degli infedeli?"

"No, io non commercio con loro".

"E fai bene. Quei maledetti ci vogliono tutto il male possibile e ci spediscono sempre merci avariate. Ho sentito dire che hanno portato un'intera cassa di polvere avvelenata per assassinare tutti gli abitanti della nobile città di Samarcanda. Tuttavia, ho sentito dire che hanno un olio fatto di foglie d'erba che è un ottimo preparato contro l'impotenza".

"Per l'impotenza fa molto bene il vino greco. Io cerco di berne ogni sera alcune tazzine e lo consiglio anche a te – Sorride, guardandosi allo specchio – Vado ancora benissimo per una giovincella, non ti pare? Bisognerebbe solo tagliare un po' la barba".

"Che hai detto?" si stupisce il barbiere.

"Dicevo che bisognerebbe tagliare un po' la barba ..."

"Ma sei matto? Non sai forse che a un mussulmano in possesso delle sue facoltà è proibito tagliarsi la barba? Che si può anche venire condannati a morte per questo?"

"Scherzavo", taglia corto il mercante alzandosi e porgendo del denaro al suo interlocutore.

"Io non prendo soldi da te – s'inalbera il barbiere mettendosi ad urlare – Ehi, brava gente, quest'uomo mi ha chiesto di tagliargli la barba, è matto!"

Interviene uno dei fumatori d'oppio seduti lì di fronte.

"No! È un infedele".

Il mercante tenta di fuggire, ma viene afferrato e condotto via con la forza.

Samarcanda, notte 1393. Nel sotterraneo del palazzo di Timur c'è un locale adibito a camera di tortura. Stremato dai supplizi, il mercante sta in piedi di fronte a Said e al boia. Seduto in poltrona, c'è Timur e accanto a lui Nicolò incatenato.

"Molte volte mi era giunta la voce che tu eri una spia, ma non avevo voluto crederci, perché sei un buon traduttore e non hai ancora finito di tradurre la vita di Alessandro il Macedone e del suo maestro Aristotele".

"Fortunato il re che ha un simile maestro", si lamenta Nicolò.

"Sono d'accordo. Perciò ti propongo un patto: io ti salvo la vita e in cambio tu rinneghi il cristianesimo e ti converti alla nostra fede, l'Islam. Non ti rinchiuderò in prigione, ma in un monastero, dove continuerai a tradurre nella nostra lingua i filosofi latini. Vedi come ti apprezzo".

Ad un cenno di Timur, due uomini portano il crocefisso.

"Sputa sul tuo falso idolo", intima Said al mercante.

L'uomo comincia a tremare e cerca di voltarsi per non guardare il Cristo. Allora il boia appoggia un ferro incandescente alla sua schiena. Il mercante lancia un urlo e cade per terra. Lo bagnano con un getto d'acqua e gli mettono di nuovo davanti il crocefisso. L'uomo sputa e comincia a dimenarsi dalle convulsioni.

"Povero Giuda", piange Nicolò.

"Adesso è il tuo turno Nicolò. Noi Mussulmani sappiamo apprezzare gli uomini colti. Non li mandiamo a fare le spie, ma offriamo loro la possibilità di guadagnare prestando un'opera utile e nobile. Certo, anche noi abbiamo le nostre spie, ma non c'è alcun poeta e filosofo tra loro. Ad ogni poeta e filosofo che mi va a genio, offro una bella casa, do schiavi e denaro. Sputa sull'immagine cui ti prostravi per ignoranza, sputa!"

Nicolò vede l'immagine di Cristo, poi il ferro incandescente vicinissimo al proprio corpo. Quindi sposta lo sguardo su Timur e improvvisamente gli sputa in faccia. Said e il boia gli si lanciano addosso e cominciano a percuoterlo.

"Lasciatelo – interviene Timur – so badare a me stesso. Saprò pulire il tuo sputo impudente ..."

Mentre Timur parla, alcuni inservienti gli puliscono il viso e poi lo frizionano con degli aromi.

"Uno schiavo spudorato sputò in faccia ad Alessandro il Macedone. Ma io giuro sul puro seme di mio padre e sul sacro ventre di mia madre che trionferò sulla croce sacrilega e innalzerò sul mondo il bianco vessillo dell'Islam".

"Il Signore non permetterà la vittoria del male sul mondo", ha ancora la forza di obiettare Nicolò.

"Noi Mussulmani saremmo il male e voi Cristiani il bene? Forse che il re di Francia Carlo VI, detto il Folle per la sua dissolutezza e crudeltà, era un mussulmano? Erano forse mussulmani i crociati che hanno arso vivi i nostri figli e stuprato le nostre donne? La nostra onesta religione ci prescrive di eliminare i nostri nemici. La vostra perfida religione vi insegna ad amare i vostri nemici. Noi Mussulmani viviamo secondo la legge della nostra religione, che essa vi piaccia o no. Mentre voi Cristiani vivete contro la legge della vostra religione".

"È così. Ma non è, certo, per questa vostra verità, bensì per i nostri peccati che nel mondo si è rafforzata la stirpe degli impuri".

"Domani, primo giorno della settimana, in piazza dei Morti saranno giustiziati dei briganti. E tu sarai giustiziato con loro".

"Vi ringrazio, grande emiro, per l'onore che mi fate. Anche nostro Signore Gesù Cristo è stato giustiziato con dei briganti".

"Ma la tua esecuzione sarà infamante. Tu non verrai crocifisso, ma lapidato. Anche la crocefissione è considerata da noi un'esecuzione ignominiosa, ma ciò che io ho scelto per te è ancora peggio: tu non verrai lapidato con le pietre, bensì con blocchi solidi di terra, come le donne disoneste, perché la morte arrivi lentamente. E forse, proprio al momento di fare ingresso all'inferno, chiederai perdono ad Allah che hai offeso nella mia persona".

Samarcanda, giorno 1393. Sulla piazza dei Morti, presso la moschea, si è radunata una grande folla per lo spettacolo settimanale. Molti sono venuti coi figlioletti. Su e giù per la piazza girano venditori di cibi e bevande.

Primo spettatore: "Oggi non c'è nessun taglio di teste, mani o piedi, ma un'impiccagione. È più interessante".

Secondo spettatore: "E la lapidazione con le pietre?"

Terzo spettatore: "Non con le pietre. Con blocchi di terra".

Primo spettatore: "Allora verrà giustiziata una donna disonesta".

Un uomo grasso che mastica con appetito: "Voi non sapete niente. Quello che impiccano è un famoso brigante, mentre con la terra verrà lapidato un miscredente, una spia straniera".

Quarto spettatore: "Maledetti miscredenti, vogliono conquistare la nobile Samarcanda, distruggere le moschee e convincerci ad adorare la croce schifosa".
Quinto spettatore: "Spostati, il mio bambino non vede niente".
Sesto spettatore: "Cosa spingi?"
Quinto spettatore: "Sei tu che spingi, io sono venuto prima di te. Bisogna arrivare per tempo. La volta scorsa, quando hanno tagliato la testa a uno che aveva ammazzato il padre, ero seduto più vicino, oggi invece ho fatto tardi ..."
Secondo spettatore: "Silenzio! Sta cominciando ..."
Al suono di una musica e accompagnato dal suo seguito, fa ingresso nella piazza Timur. Prende posto su una poltrona sistemata al centro di una pedana ricoperta da un prezioso tappeto. Immediatamente vengono introdotti i condannati. Uno dei tre briganti non fa altro che piangere e chiedere perdono. Un altro impreca e fa dei gesti osceni rivolti al pubblico. Il terzo, coi capelli bianchi, è ritto in silenzio e volge lo sguardo a destra e a sinistra. Portano anche Nicolò. Lo mettono in una fossa che poi riempiono di terra fino alla cintola. Per primo viene impiccato il brigante che piange, poi quello che impreca. Quando mettono il cappio al vecchio brigante, questo lo afferra con le mani, lo tira e urla rivolto a Timur:
"Non ti ricordi di me, grande emiro? Sono quello che ti accolse quando eri ragazzo e ti regalò il Corano e un libro di Darrish Obusakhl!"
Timur lo fissa in volto.

"Mi ricordo di te. Proprio allora promisi alle tue vittime che avrei punito criminali del genere. Credo di doverti ancora del denaro. Prendi!"
Timur tira fuori delle monete e le getta sul patibolo.
"Hai appreso bene le lezioni sul potere che ti diedi. Ma forse un giorno anche le tue vittime si solleveranno contro di te".
"Ti sbagli – sbotta Timur – Tu hai fatto scorrere il sangue per il tuo tornaconto egoistico, mentre io nel nome di una santa idea. Ma io ti considero un essere ragionevole. Ha detto Allah nel suo grande libro: 'Colui che reprime la collera, perdona gli uomini'. Tu, in ogni caso, sei perdonato non già perché il tuo crimine sia piccolo, poiché esso è grande, bensì io ti perdono alla condizione di vivere in onestà per il resto della tua vita. Ma non è questo l'importante. L'importante è che io ti perdono per mostrare al popolo che persino il crimine di un vecchio malfattore merita indulgenza rispetto al crimine ... - indica Nicolò – di un nemico dell'Islam".
Voci dalla folla: "Gloria al grande emiro!"
"La tua bontà mi è penetrata nel cuore e mi ha scosso il fegato. Questo è un giorno benedetto per me. Ma consentimi, per espiare il sangue dei fedeli che ho fatto scorrere, di versare il sangue di questo impuro nemico della fede, poiché questa è un'opera santa. Concedimi l'onore di gettare il primo blocco di terra contro questo cristiano negatore di Dio".
"Ti concedo tale facoltà – Quindi rivolto a Nicolò – Essendo sulla soglia dell'inferno, che hai meritato col tuo sacrilegio, vuoi almeno pentirti per andartene serenamente da questo mondo? Guar-

dati attorno, guarda le colline, la sabbia, gli alberi, le bestie e gli uccelli che tutti insieme rendono Gloria a Colui che è Unico, a Colui che è il Conquistatore! E solo tu ti ostini ...”

“Vedo che il tuo corpo è avvizzito, vecchio malefico! – grida Nicolò con tutta la rabbia che ha in corpo – E quindi vuoi saziarti con sangue fresco. Ma si avverino le parole del nostro Messia: quando invocherai Iddio egli non ti sentirà, perché tu hai lordato le tue mani del sangue dell’assassinio. Non è Dio che tu ai abbandonato, ma te stesso. Ed il Signore ti chiederà conto del sangue versato!”

“Giuro sull’Onnipotente che lo farò tacere con il primo masso!”, risponde il vecchio brigante lanciando una zolla di terra dura e secca che colpisce Nicolò proprio sulla bocca. Immediatamente si rovescia addosso al giovane una pioggia di blocchi di terra. In un attimo è ricoperto di polvere grigia e sangue. Nicolò comincia a cantare i salmi con la bocca insanguinata, prima a voce alta, poi sempre più piano:

“Davanti a Dio sussulterà la terra e ondeggerà il cielo! Il sole e la luna si oscureranno! E le stelle perderanno il loro splendore!”

“Guardate! Guardate! Il nemico di Allah pare un cane che crepa!”, sono le voci cariche di gioia sfrenata della folla.

Qualcuno solleva i figli perché vedano meglio.

Nicolò ormai rantola: “Folla, folla nella valle del giudizio, poiché vicino è il giorno del Signore nella valle del giudizio. Il sole si oscura con i suoi raggi e le stelle perdono il loro splendore!”

Improvvisamente, la chiara luce del giorno comincia ad oscurarsi. Una macchia nera ha coperto il

sole. È rinfrescato e soffia un forte vento. La folla urla terrorizzata e comincia a scappare via.
"Gli spiriti e gli idoli maligni al cui servizio era l'infedele sono venuti a dare l'addio al loro servo!" grida Timur coi pugni alzati al cielo.
"No, non è da lui che sono venuto, ma da te", risponde una voce che Timur subito riconosce.
"Iblis!"
"Avevo nostalgia di te. Tu ed io, ormai, siamo come fratelli di sangue". E scoppia in una sinistra risata.

Palazzo di Timur, Samarcanda, terrazza, giorno 1393. Sul tetto del palazzo, dove si trovano alcuni telescopi, un astrologo e il nipote decenne di Timur, Ulugbek, osservano il cielo.
"Peccato che il nonno Timur oggi sia impegnato. Avrei voluto mostrargli attraverso il tubo cinese l'eclissi totale del sole".
"Ulugbek! Da tempo avevo profetizzato al tuo grande nonno che quando il sole avesse raggiunto la sua quarta casa, la costellazione dell'Ariete, avrebbe conquistato il trono. E così è stato".
"Ti sbagli. Il quarto segno dello Zodiaco è il Toro e non l'Ariete".
L'astrologo squadra il bambino saputello con irritazione.
"Tu, Ulugbek, sei ancora troppo giovane per insegnare qualcosa a un vecchio astrologo come me. Devi pensare più spesso alla stella Mustari. La stella Mustari protegge chi osserva la legge islamica della 'Sharia'. Tu studi in maniera sufficiente la 'Sharia' per comprendere il firmamento?"

"Io studio l'astronomia cinese e le leggi di Tolomeo".

L'irritazione del vecchio si trasforma allora in orrore.

"Non avrei mai pensato che il nipote del grande Timur avrebbe pronunciato discorsi eretici!"

Palazzo di Timur, sala udienze, giorno 1393. Cerimonia solenne. Sono presenti tutte le mogli di Timur con i figli, i dignitari, gli ambasciatori e varie delegazioni straniere.

Timur è rabbuiato e di poche parole.

"Proclamo erede nel Khorasan e nel Sistan, mio figlio Shakhrulh!". Consegna la spada al figlio e lo bacia teneramente. Poi, rivolto a tutti, aggiunge:

"Chi amerà lui, amerà me. Chi onorerà lui, onorerà me. Chi obbedirà a lui, obbedirà a me".

Da ogni angolo della sala giungono le dichiarazioni di obbedienza dei dignitari.

"Obbediamo! Obbediamo!"

Shakhrukh si appresta al giuramento: "Giuro, padre, che con questa spada colpirò chiunque oserà non riconoscere il tuo potere sul mondo".

"Ed ora voi, visir, nobili, e dignitari, fate i vostri doni a mio figlio".

Da ogni angolo della sala, i vari personaggi presenti si fanno avanti per porgere a Shakhrukh abiti e tessuti con filo d'oro, pietre preziose e monete d'oro. Anche i parenti si avvicinano con i loro doni. Quando è il suo turno, Ulugbek gli porge un foglio di carta bianco.

"Tuo padre ti ha donato una spada e io ti dono della carta, perché con la carta potrai acquistare potenza nell'arte medica, nell'astronomia, nella

magia bianca, nella scienza dei profumi e in altre scienze ancora".
Shakhrukh strappa il foglio di carta con un gesto rabbioso ed esclama:
"Tu vuoi diventare un eunuco, non un uomo, Ulugbek!"

Palazzo di Timur, Samarcanda, sala dorata, sera 1393. Timur e Ulugbek siedono in una stanza, le cui pareti sono ricoperte di stoffe e di tappeti tessuti con fili d'oro. È sera. Spossato dalla stanchezza, Timur ha deciso di vedere il nipote prediletto prima di andare a dormire. Lo accarezza affettuosamente sul capo, e gli chiede sorridendo dolcemente: "Ebbene, che indovinelli mi vuoi fare oggi, ragazzo?"
"Un uomo che non è un uomo lancia una pietra che non è una pietra a un uccello che non è un uccello seduto su un albero che non è un albero".
"Il primo è un eunuco, la pomice è la seconda, il terzo un pipistrello e il quarto un tralcio di vite".
"Come sei saggio, nonno!"
Timur sorride: "No! Semplicemente sono stato piccolo anch'io e anche a me il maestro faceva questi indovinelli ..."
"Ecco un altro indovinello. Non è mortale, ma non è immortale; la sua vita non è divina, ma neppure umana; nasce ogni giorno e poi sparisce. Invisibile alla vista eppure noto a tutti".
"Questo è già un indovinello più serio. Tu parli del sonno. Alle bestie e alle persone comuni il sonno è dato per riposare e allontanarsi dalle preoccupazioni, ma quelli come tu ed io, persone che

hanno una sorte particolare, conoscono il futuro attraverso i sogni".

"Ed ecco il terzo indovinello. C'erano tre fratelli. Uno di essi fece la morte del giusto, un altro morì peccatore e il terzo morì che era ancora un bambino. Quale sarà la loro sorte dopo la morte?"

Timur sorride nuovamente.

"È chiaro. Il giusto finisce in paradiso, il peccatore all'inferno, e il bambino visto che non ha avuto il tempo di manifestare la sua natura, non andrà né qui né là e rimane in una condizione intermedia".

"E se il bambino si rivolge a Dio, lamentandosi perché non gli è stata data la possibilità di conquistarsi l'accesso al paradiso con le sue buone azioni, ebbene, in tal caso, cosa gli risponderà Iddio?"

"Dio gli risponderà: sapevo che se tu fossi cresciuto, saresti diventato un peccatore e ti saresti condannato alle pene dell'inferno. Proprio per questo ti ho levato la vita così presto".

"E allora il fratello peccatore chiede disperato: Oh, Dio onnipotente, perché non hai fatto morire bambino anche me? Perché hai permesso che diventassi un peccatore?"

Il sorriso svanisce dal volto di Timur. Guarda stupito il nipotino che ha un'espressione trionfante.

"Perché, nonno, perché?"

Timur borbotta qualcosa e poi grida:

"Ehi, portate il ragazzo a dormire".

"Nonno! Non mi hai risposto! Nonno rispondi!"

Entrano i servi. Prendono Ulugbek per mano e lo conducono via.

Ulugbek è ormai uscito da un pezzo. Timur è ancora seduto, inquieto. Guarda i propri occhi riflessi nello specchio.

"Quel ragazzo mi ha turbato. Che cosa mi riserva il futuro? Sto seguendo la strada giusta? Saranno assolte le mie imprese? Chi può rispondere a questi quesiti?"

Sfinito dalla stanchezza, Timur si stende e prende rapidamente sonno.

Sogno di Timur, deserto 1393. Ora sta procedendo nel deserto attorniato da bestie feroci. Non conosce la strada. Vaga senza sapere dove dirigersi. Muove alcuni passi in avanti, poi torna indietro. Finalmente esce dal deserto per ritrovarsi in un giardino. Un'infinità di frutti e a terra gli strumenti musicali. Al centro del giardino c'è un trono gigantesco e accanto un'alta torre. In cima alla torre siedono degli uomini. Davanti ad ognuno di essi, ci sono dei libri e gli uomini ricopiano qualcosa, oppure scrivono con delle piume sui libri. A fatica Timur riesce a sedersi sull'alto trono e da quella posizione chiede agli scrivani:

"Che cosa state scrivendo?"

"Il nostro compito è di trascrivere tutto ciò che deve accadere nella vita di ciascuna persona", risponde il primo scrivano.

"Non hai forse appreso dal Corano, che esistono libri in cui sono scritte tutte le imprese degli uomini", prosegue un altro, puntandogli contro la piuma sporca d'inchiostro rosso come il sangue.

"Lo so. E sono molto interessato a sapere chi trascrive i fatti della mia vita futura".

"Hai paura del tuo destino?"

"Vorrei conoscerlo in anticipo per non commettere inutili errori, poiché dai miei errori dipende la sorte di molti esseri umani".
"Oh tu che paventi il destino, non temere niente. Poiché tutto è nelle mani dell'Altissimo Veggente! Opera vana, nel libro del destino, cancellare le parole. Quello che non è sorte, giammai si potrà avverare".
Timur fissa lo scrivano che ha letto i versi.
"Il tuo volto mi è noto, ma non riesco a ricordarti. No, ti ho riconosciuto! Ti ho riconosciuto!"
E improvvisamente si sveglia in preda a un forte turbamento.
"Mi sono svegliato al momento sbagliato. Nel sogno mi era parso di riconoscerlo, ma adesso non riesco più a ricordare. Che sogno inquietante alla vigilia della difficile campagna di Persia, dove lo scià Mansur sta armando contro di me un grande esercito! Tuttavia, qualunque cosa debba accadere, io andrò fino in fondo ..."

Persia, assedio di Shiraz, giorno 1393. Si combatte accanitamente. Dalle mura della loro città, i Persiani respingono l'assalto degli uomini di Timur. Ora si spalancano le porte. Migliaia di cavalieri armati di lance, con alla testa lo scià Mansur, inseguono i guerrieri di Timur che si ritirano. Timur segue l'andamento della battaglia circondato dalle sue guardie del corpo. D'un tratto grida:
"Ordino di radunare tutti i nostri uomini armati di lance per respingere l'attacco del nemico!"
"Non abbiamo guerrieri armati di lance", gli fa notare imbarazzato Said.

"Dunque, per mia somma disperazione, non disponiamo di simili guerrieri? Vi siete preparati male a questa campagna! Da dove aspettarsi aiuto, in tal caso?"

All'improvviso si ode una voce: "Timur! L'aiuto verrà! E verrà da dove non ti saresti mai aspettato!"

Lo stesso Timur è spaventato: "Questa voce proviene dal mondo dei misteri".

Allora Said indica una strana figura che si sta avvicinando:

"Guardate! Un cavaliere dal volto simile a quello di un arabo, armato di lancia!"

Un uomo con un mantello arabo che monta un grande cavallo bianco, lancia in resta, sfreccia accanto a Timur urlando: "Allah! Dona la vittoria a Timur!"

Con questo grido altisonante, il cavaliere si slancia proprio nel mezzo della battaglia. Lo scià Mansur getta uno sguardo impaurito verso il cavaliere proiettato contro di lui, lancia in resta, la voce tonante, e terrorizzato cade privo di sensi da cavallo. Il fratello dello scià Mansur, lo scià Rukh, lo solleva sul proprio cavallo e si dà alla fuga. Gli uomini di Timur inseguono il nemico.

"Il cavaliere che mi è improvvisamente venuto incontro, è scomparso nel nulla. Questo aiuto scende dal cielo!" si rincuora Timur. Mentre Mirza Shakhrukh, il figlio di Timur, raggiunge lo scià Mansur, lo getta a terra, gli taglia la testa e poi, tenendola per i capelli, cavalca alla volta del padre: getta la testa per terra, ai piedi di Timur e grida:

"Calpestate le teste di tutti i vostri nemici, come la testa dell'orgoglioso Mansur!"

Persia, strade di Shiraz, giorno 1396. Si combatte accanitamente fra l'esercito di Timur e gli abitanti della città.
Timur comanda lo sterminio: "Risparmiate soltanto il quartiere dei discendenti del Profeta e la via dei teologi!"
La città è avvolta dalle fiamme. Cadaveri ovunque.

Bagdad, mura, giorno 1396. Afa. Un sole accecante illumina il campo di battaglia. Bagdad brucia. Dall'alto di un colle Timur osserva l'incendio. Non lontano da lui c'è una folla terrorizzata.
Timur, rivolto alla folla, impreca: "Poeti! Pittori! Monaci! Saggi! Per quaranta giorni mi ha resistito Bagdad non volendo riconoscere che la grandezza del suo Califfo dovesse passare a me. Adesso Bagdad raccoglie i frutti della sua mancanza di fiducia. Tutti coloro che hanno l'età della ragione, tutti coloro che si sono macchiati di questa colpa consapevolmente, tutti gli abitanti di Bagdad superiori ai dodici anni dovranno morire. Ma a voi, poeti, pittori, monaci, saggi, faccio dono della vita. Accettate voi questo dono?"
Riecheggia, nel silenzio generale, una voce raggelante:
"Io non lo accetto – un uomo fa alcuni passi avanti ed esce dalla folla – Regalami altri occhi e allora accetterò da te anche il dono della mia vita. Fammi dono degli occhi del vigliacco, con cui guardare serenamente la mia città che brucia e il mio popolo che muore".

"Chi sei?" chiede Timur impietrito.

"Io sono il pittore Ruzi".

"Non ho occhi da darti, pittore Ruzi, e perciò riprendo indietro il mio dono".

Timur fa un cenno e la testa del pittore viene troncata di netto.

"C'è qualcun altro che vuole restituirmi il mio regalo?"

Dalla folla si fa avanti un altro uomo.

"Io sono il poeta Nuredtin. Ti restituisco il tuo dono, ma ricorda queste parole: non offendere! L'uomo di buon senso non alza le mani per infliggere offese. Tu dormirai, ma l'offeso non dormirà. E la vendetta di Dio sarà cento volte più dura!"

Timur fa un cenno e la testa del poeta è staccata di netto dalle spalle.

"Ci sono ancora degli ingrati che non accettano i miei inestimabili regali?"

"Sventura! Sventura! – gracchia uno dei saggi – Tutti noi siamo afflitti dalla sorte della nostra Bagdad. Ma a differenza di questi nostri superbi concittadini, siamo pronti ad accettare da te il dono delle nostre vite, e per questo dono ti esprimiamo, grande emiro, tutta la nostra gratitudine".

E tutti quanti, pittori, poeti e saggi vanno in fila verso Timur, e uno dopo l'altro baciano la sua staffa. Alcuni dei servi distribuiscono ad ognuno, fra quelli che hanno baciato la staffa, un cavallo ed una certa somma di denaro.

"Con questo cavallo e questo denaro potrete raggiungere un'altra città. Ma se un giorno qualcuno di voi vorrà visitare la mia Samarcanda, lo accoglierò benevolmente. Quando poi si spegnerà l'incendio, chi lo vorrà potrà fare ritorno a Bagdad. Ho ordinato di fare un segno su tutti gli ospedali, le moschee e le scuole che dovranno restare intatti in mezzo alla distruzione generale".

Scende la sera. Nubi di fumo si levano dalle macerie. Sulle rovine di Bagdad si erge una piramide di teste tagliate. Timur, accompagnato dalla sua scorta, avanza lentamente lungo le strade distrutte. Lentamente il drappello raggiunge il fiume Tigri che divide in due la città.

"L'antica Babilonia sorgeva sull'Eufrate e Bagdad sul Tigri. Là, dove questi due fiumi si congiungono, un tempo c'era il paradiso e vivevano Adamo ed Eva, mentre ora Dio ha voluto che qui abbia sede l'inferno per i peccati commessi dalla gente del luogo, e per il disprezzo mostrato verso la sua legge. Anche Allah, compassionevole, infatti punisce i peccatori con la morte".

Timur entra in una moschea deserta sulle rive del Tigri e si raccoglie a lungo in preghiera. Dopo la preghiera visita la moschea, nota un'iscrizione e legge.

"Questa moschea è stata fatta costruire da Zobeide, sposa del grande califfo di Bagdad Arrashid. La grandezza dei governanti svanisce, resta la grandezza delle pietre. Al ritorno dalla guerra, vorrei costruire delle belle moschee nella mia Samarcanda, che deve superare sia Bagdad, sia Damasco, si Isfahan. Ma anche la grandezza delle pietre può venire infranta. In questo mondo, solo la grandezza della parola non può essere distrutta. Dopo le pietre, vorrei inchinarmi alle parole. Per questo dovrei andare a Nishapur, per vedere la tomba di Omar Khajam ed inchinarmi dinanzi ad essa".

Persia, cimitero Nishapur, giorno 1396. Il cimitero di Nishapur. I dignitari del luogo sono in agitazione. Grandi inchini ed omaggi a Timur che replica distrattamente con una smorfia.

"Chi li ha chiamati? – si lamenta con Said – Vorrei che questa mia visita, in questo santo luogo, si svolgesse in silenzio".

Si avvicina il custode del cimitero. Zoppica. Timur, che zoppica anch'egli, chiede con irritazione al governatore locale:

"Perché mi avete fatto trovare proprio costui?"

Il governatore impallidisce: "Nobile emiro, se non vi piace lo leviamo immediatamente, ma quest'uomo è un raffinato conoscitore del nostro grande conterraneo Omar Khajam".

"Allora che resti – Rivolgendosi al custode, inchinato di fronte a lui – Conosci bene i versi di Omar Khajam?"

"Io amo i versi di Khajam, ma quanto a conoscerli, è lo stesso che conoscere questo cielo, quest'aria. Noi possiamo respirarla, ma non possiamo conoscerla".

"Mostrami la tomba di Khajam".

"Emiro misericordioso, se voi amate e sentite la poesia di Omar Khajam, riconoscerete voi stesso la tomba. Ma io vi accompagnerò là dove essa si trova".

Zoppicando, il custode fa strada a Timur che, circondato dal seguito, cammina dietro di lui, anch'egli zoppicando.

"È molto che presti servizio qui come custode?"

"Tutta la vita, dagli anni dell'infanzia, quando mi condusse qui mio padre. Ma di tanto in tanto vado ad inchinarmi anche davanti ad altri sepolcri dei nostri santi".

"Con troppa leggerazza associ il nome di Omar Khajam a quello dei santi. Pensa ai suoi offensivi versi sacrileghi".

"Oh, emiro misericordioso, Omar Khajam stesso ha risposto a tutte le critiche, rivolgendo le sue parole all'Onnipotente: 'La vita è come un'iscrizione murale creata da Te, ma il quadro è pieno di assurde bizzarrie. Io non posso essere migliore, Tu stesso, nel Tuo crogiuolo, hai creato la lega di cui son fatto, però Tua è la forma che mi è stata data'. Così, grande emiro, è vissuto Omar, così è morto. Guardate grande emiro, anche se non siete mai stato qui, riconoscerete questi luoghi. Ecco qui, a sinistra, il muro del giardino da cui si scorgono i rami degli alberi di pere e di albicocche. Un giorno, durante un'allegra conversazione con gli amici, Khajam disse: 'La mia tomba si troverà in un posto tale che ogni primavera il vento del nord cospargerà fiori sopra di me'".

"Parli come se appena ieri tu stesso abbia conversato con Omar Khajam, mentre egli è morto già da due secoli!"

"Sì, sono già passati due secoli da quando quel grand'uomo ha nascosto il suo volto sotto una coltre di cenere e ha lasciato orfano questo mondo ... io ho come la sensazione di aver avuto la gioia di conoscerlo, di godere della saggezza delle sue parole e di ascoltare la musica della sua voce. Guardate, grande emiro, riconoscete la tomba di Khajam?"

Timur abbassa istintivamente la voce: "La riconosco, è quella completamente nascosta dalla macchia degli alberi?"

"Quando mi trovo qui non riesco mai a trattenere le lacrime. Perdonatemi, grande emiro … perdonatemi". E piange.

Timur resta immobile in silenzio, come una statua.

"Non è il caso di piangere, ricorda i versi di Khajam: 'Non singhiozzare, poiché a noi non è dato scegliere. Piangi o non piangi, anche noi dovremo morire. Domani, il vasaio calpesterà con i suoi piedi, le nostre sagge teste divenute argilla'".

"Io sono felice – risponde il custode continuando a piangere – Davanti ai miei occhi, un grande re si è inginocchiato davanti ad un grande poeta. Io sono stato davanti alle tombe di molti santi, ho visitato molti luoghi sacri, ma non ho mai provato una simile felicità".

"Come fai a compiere i tuoi pellegrinaggi con la gamba zoppa?"

"Ma anche il grande conquistatore del mondo ha lo stesso difetto".

"Mi piaci. Ho bisogno di uomini eruditi che amino la poesia. Vuoi diventare il custode della biblioteca di Samarcanda? Voglio costruire delle grandi biblioteche a Samarcanda e a Bukhara, più grandi di quella di Alessandria".

"Vedere la straordinaria Samarcanda e la celebre Bukhara, sul cui sacro suolo bisognerebbe camminare con la testa invece che coi piedi? È sempre stato il mio vero desiderio".

"Come ti chiami?"

"Khodji Amandurdy".

"Verrai con me".

"Sono felice. Sono però preoccupato: non avranno stancato troppo il vostro cuore, le mie vuote chiacchiere?"

Samarcanda, piazza, giorno 1396. La città emana dai suoi stupendi giardini un profumo di nettare. Ai chiassosi bazar delle stradine fa da contraltare il religioso silenzio del raccoglimento nelle moschee. Un banditore, accompagnato dai tamburini, percorre a cavallo strade e piazza, annunciando:
"Gloria a Colui che cambia le cose, pur restando Egli stesso immutato. Gloria al grande emiro Timur, che ha cambiato il mondo in nome della Fede! Abitanti della nobile Samarcanda! Il grande emiro Timur, terminata la sua vittoriosa campagna, fa ritorno a Samarcanda!"
Timur entra in città, accompagnato dal suo seguito e accolto dalla folla. Davanti al palazzo abbraccia le mogli, i figli, i nipoti. Salutandolo Kan-Jo gli sussurra:
"Ti ho atteso, mio signore, come il fiore di loto attende la tenera pioggia".
"Sei dimagrita e assomigli all'ombra di un fiore. Ciò mi rattrista", la redarguisce sottovoce Timur.

Palazzo di Timur, Samarcanda, sala delle udienze, giorno 1396.
L'Ambasciatore spagnolo, dopo lunga anticamera, perde quasi le staffe: "Quando potrò essere ricevuto dall'emiro? Ho un messaggio personale del re di Spagna. L'emiro mi deve ricevere prima di chiunque altro".
Il visir non si scompone e replica con calma: "Per prima cosa, di ritorno da una campagna, per

tradizione, il grande emiro visita la tomba del santo Khazret Shakh Said, colui che ha portato l'Islam a Samarcanda, dove regnava il paganesimo".

Samarcanda, tomba monumentale, giorno 1396. La tomba del santo è sulla vetta d'un colle, una grande scala di marmo porta fino in cima. La processione avanza lentamente, poiché la guida Timur che zoppica e supera a fatica i ripidi scalini, sostenendosi sulle spalle delle guardie del corpo. Ora sono entrati in uno stretto corridoio e passano da un locale all'altro inchinandosi ripetutamente. Allora l'ambasciatore spagnolo mormora al suo interlocutore:

"Ma quando arriviamo? Mi fanno già male le ginocchia".

L'interprete porta un dito alle labbra. Finalmente entrano in una stanza dove vi sono tre bandiere vecchie e logore, una corazza, una vecchia spada e il Corano.

"Queste cose appartenevano al Santo", spiega la guida sottovoce all'ambasciatore che sbuffa.

Timur per primo, e poi tutti gli altri, si inchinano davanti a quegli oggetti. L'ambasciatore sussurra all'interprete:

"Dubito della loro autenticità".

L'interprete porta di nuovo le dita alle labbra.

Timur prega a lungo davanti alla tomba del santo e tutti devono ripetere con devozione le parole della preghiera. Dopodiché si alza ed esprime la volontà di visitare la madrasa, la scuola di teologia di Samarcanda, annessa alla moschea, per interrogare i discepoli e ricevere gli omaggi degli insegnanti che, riunitisi in fretta, accolgono con un profondo inchino il corteo imperiale.

"E dov'è Khazret Ubajdullah?" chiede Timur ad un insegnante.

"Grande emiro, poco prima del vostro ritorno, Khazret si è dichiarato malato".

"Ebbene, attendo che guarisca ..."

Timur si siede nel posto d'onore e comincia ad esaminare gli allievi.

"Quando venne costruita la prima moschea?"

Gli allievi tacciono.

"Sono intimoriti dalla vostra presenza, grande emiro", li giustifica l'insegnante.

"Essi studiano teologia e devono aver timore di Dio e non di me – Puntando il dito contro un allievo alto e magro – Dillo tu".

L'allievo alto e magro balbetta: "Grande emiro, la prima moschea è stata costruita alla Mecca".

Timur salta su tutte le furie: "Idiota, la prima moschea non è stata costruita alla Mecca, ma a Medina, quando il profeta Maometto si trasferì in quella città! Un'altra domanda ... Qual è la funzione delle moschee? – Puntando il dito contro un allievo dal viso rotondo – Tu!"

L'allievo dal viso rotondo sembra invece sicuro di sé.

"Di luogo di preghiera, ed anche luogo di riunione delle Comunità".

"Luogo di preghiera dei Mussulmani", lo corregge.

Esce dalla madrasa di pessimo umore. Rientrato a palazzo, si rifugia subito nella solitudine della sua camera.

"Io sono stato fortunato: il mio insegnante era bravissimo, si chiamava Berké. Recentemente sono venuto a sapere che quel grand'uomo, cui devo molto, è morto in solitudine, dimenticato da tutti. Sono molto addolorato e provo un senso di colpa. Vorrei dedicargli un Sacrario a Samarcanda. Di pietra nera, con la testa rivolta alla Mecca. Vorrei essere sepolto accanto al mio maestro, in segno di eterna riconoscenza".

"Mio signore, è ancora presto per voi parlare di morte", lo rincuora Kan-Jo scivolata silenziosamente al suo fianco.

"No, Kan-Jo, mi sento stanco, la mia vista è peggiorata, gli occhi mi dolgono, talvolta trovo difficoltà nel leggere a lungo, spesso mi fanno male le ferite al braccio e alla gamba e al risveglio ho la gola secca e chi mi è ostile fiuta, come un cane, che mi sto indebolendo. Come quel Ubajdullah, l'insegnante della madrasa, egli è un uomo erudito, ma mi odia perciò si finge malato".

"Voi, signore, vivrete ancora a lungo, più a lungo di me. E con i nemici bisogna mantenere la calma. Essi compaiono e scompaiono come l'acqua. Noi Cinesi abbiamo un proverbio: quando l'acqua del Fiume Giallo è pulita, lavaci le tue mani, quando è sporca, lavaci i piedi".

Timur è divertito: "Effettivamente, la madrasa è piccola e brutta, sembra piuttosto una stalla".

"Consentitemi, mio signore, di far costruire con il mio denaro una grande madrasa. In essa dovranno studiare fino a mille allievi, ed ognuno di loro riceverà da me, per il mantenimento, cento tin".

"Sì, voglio dare l'avvio ai lavori a Samarcanda. Finché sono vivo, voglio che sia costruita una grande madrasa. Ho trovato il posto, vicino alle porte di Bukhara. Voglio che la mia Samarcanda diventi la città più bella del mondo. voglio che abbia splendidi giardini, edifici, moschee, mercati. Samarcanda deve diventare ancora più bella di come era prima dell'invasione dei Mongoli che la distrussero. Un filosofo dell'antichità ha detto: 'Non esistono sulla terra luoghi più belli di questi tre: Samarcanda, i giardini di Damasco e i fiumi dell'Iraq'".

Palazzo di Timur, Samarcanda, sala del trono, giorno 1396. È in corso una riunione dei ministri.
"Ogni anno giunge a Samarcanda una grande quantità di merci diverse, dalla Cina, dall'India, dalla Tartaria – è il discorso di Timur – Ma non esiste un apposito luogo per la vendita. Perciò do ordine di costruire una via che attraversi la città, che abbia molti chioschi, botteghe, banchi con le tende. Dovrà essere costruita in modo tale, che ci si possa vendere e comprare, che sia gradevole, fresca d'estate e calda d'inverno".
"Abbiamo previsto la costruzione di una strada del genere per il prossimo anno", gli rammenta il visir.
Timur scuote la testa con irritazione, come un bambino a cui si promette un gioco, ma solo per l'indomani.
"No, no! A me serve ora. In venti giorni, che la gente lavori pure giorno e notte".

Samarcanda, strada in costruzione, sera 1396. Fervono i lavori di costruzione. Vengono abbattute le case che si trovano lungo il tracciato dove dovrà sorgere la via. Grida e pianti di chi deve abbandonare le proprie abitazioni. Gli ingegneri alzano le braccia imbarazzati di fronte a quella moltitudine, in parte inviperita, in parte disperata, che chiede spiegazioni, consigli sul da farsi.

"Rivolgetevi a Timur", è l'unica risposta che costoro ricevono.

Si forma così una delegazione di senzatetto che, immediatamente, si reca al palazzo per essere ricevuta dal sovrano.

Una volta di fronte a Timur nella sala del trono, il capo delegazione si fa avanti timidamente ed è costretto più volte a schiarirsi la voce, prima di esporre i fatti, per l'emozione.

"Grande emiro, noi siamo coloro che abitavano nelle case che sono state buttate giù. Noi e i nostri figli non abbiamo più un tetto ed abbiamo perso ogni nostro bene. Vi preghiamo di volerci dare, almeno, un qualche risarcimento".

Ma subito Timur prende ad agitarsi e a gridare, quasi tremando: "Chi siete voi? Questa città è mia, l'ho comprata con il mio denaro. Ne possiedo la testimonianza scritta e domani ve lo dimostrerò. Se le cose non stanno così come dico, pagherò ciò che chiedete".

La piccola folla è terrorizzata e comincia a profondersi in grandi inchini.

"Perdonateci, perdonateci, grande emiro!"

Le guardie li spingono via.

"Fuori! Fuori!"

Ma i questuanti stessi si affrettano ad allontanarsi, continuando a rivolgere grandi inchini a Timur. Uno addirittura sussurra: "Sono sorpreso che abbiamo salvato la vita. Ma è stato terribile."

Timur, che non riesce invece ancora a tornare in sé, grida alla folla che si allontana: "Getterò le vostre anime nel fuoco! Gentaglia! Maledetti! Dovrete camminare a testa in giù!"

I questuanti sono già usciti da un pezzo, ma Timur continua a sbraitare: "Che tutti coloro che mi sono ostili, si convincano della loro morte, distruzione, umiliazione e tremenda fine! Tutti!"

Improvvisamente porta le mani alla gola. Un getto di vomito si riversa sul tappeto e sulla pedana del trono. I cortigiani si agitano spaventati. Sopraggiungono i medici. Qualcuno comincia a massaggiargli il cuore. Gli versano in bocca pozioni curative. Finalmente, riapre gli occhi.

"Credo d'aver dormito – esclama dopo aver ripreso fiato – Ho sognato una donna alta e di una bellezza soprannaturale che mi indicava una bella tomba e diceva: 'Se sei stanco, Timur, scendi in questa tomba e riposa'. Dopo questa visione sono convinto di fare una degna morte".

Samarcanda, strade, giorno 1396. L'ambasciatore spagnolo Clavigo e l'interprete camminano per le vie della città.

"Io so che di proposito Timur fa attendere gli ambasciatori per umiliarli e dare più importanza a se stesso, ma questa volta l'attesa si prolunga troppo – si lamenta Clavigo – comincio a credere alle voci che danno Timur per seriamente malato. Oggi, tuttavia, mi è stato promesso che sarò ricevuto e finalmente capirò come stanno davvero le cose".

I due si avvicinano alle porte della città. Clavigo comincia ad osservare le iscrizioni su di esse.

"Si tratta probabilmente di qualche passo del Corano che si ritrova infinite volte sui muri delle case e delle moschee, non è così?"
"No – risponde l'interprete – Qui è scritto: 'Fra questa città e la città di Sana, ci sono mille farsakh, e da Sana a Bagdad e l'Africa altri mille farsakh'".
"Meno male che non è indicata la distanza da qui alla Castiglia!"
Superano le porte al di là delle quali è tracciato un grande sentiero. Un'infinità di uomini vanno e vengono trasportando pietre, altri preparano il cemento. L'interprete si sente in obbligo di spiegare: "Stanno costruendo la nuova madrasa. Viene edificata per ordine della principessa cinesa Kan-Jo, sposa di Timur, con il suo denaro".

Palazzo di Timur, Samarcanda, sala del trono, giorno 1396. Clavigo entra nella sala del trono e, al posto di Timur, vi trova seduto suo figlio Miranshakh.
"Il grande emiro non riceve – annuncia Miranshakh all'ambasciatore spagnolo – altri affari lo tengono impegnato".
"Ma io ho un messaggio del re di Spagna Enrico III".
Miranshakh non si scompone più di tanto: "Consegna il messaggio al guardiasigilli – soggiunge indicando uno dei cortigiani – Ed ora vai, non ti è consentito incontrare l'emiro Timur. Ti prego di non tornare più al palazzo".
"Ma noi non possiamo e non vogliamo tornare a casa senza una lettera dell'emiro Timur. Non

possiamo lasciare il nostro re senza risposta", obietta Clavigo.

"Malgrado il tuo desiderio, dovrai ripartire senza aver visto l'emiro Timur".

Ciò detto, Miranshakh si alza, lasciando intendere che l'udienza è terminata. L'ambasciatore spagnolo esce dal palazzo a testa bassa masticando amaro tra sé.

"Evidentemente, Timur è davvero molto malato. Miranshakh non vuole che io e gli altri ambasciatori possiamo diffondere nel mondo la notizia della sua presunta morte. Ho sentito che in certi luoghi ci sono già stati tumulti, pronunciamenti contro Timur, persino negli ambienti del clero".

Samarcanda, grande moschea, giorno 1396. Dal pulpito il mullah sta pregando per la rapida guargione dell'emiro Timur. Improvvisamente si avvicina al pulpito il Santo Ubajdullah gridando:

"Timur, quel porco assetato di sangue ha già fatto morire un'infinità di gente, come si può pregare per lui?"

Dalla folla si leva un sinistro mormorio di voci.

"Il Santo Ubajdullah dice la verità!"

"Timur ha distrutto le nostre case! Versa il sangue come acqua, non ci serve un simile emiro".

Dopo aver scosso i sentimenti della folla, Ubajdullah insiste: "Timur beve vino ai banchetti e viola molte altre leggi dello Sharia. È andato ad inchinarsi davanti alla tomba del sacrilego persiano Omar Khajam. Egli stesso è sacrilego. È peccato pregare per un sacrilego nella casa di Dio".

Le voci si levano ora dalla folla in un unico grido:

"È peccato pregare per lui! Non si deve pregare!"

Improvvisamente le grida di spengono. Al centro della moschea, circondato dalle sue guardie del corpo, sta ritto Timur. Il suo viso è pallido, ma lo sguardo tranquillo e imperioso.
"Ubajdullah, vai a dormire – esordisce a bassa voce – E domani torna qui e racconta a me e al mio popolo ciò che avrai visto in sogno. E voi, peccatori, venite ad ascoltare domani ciò che vi dirà Ubajdullah".

Samarcanda, sera 1396. Stessa moschea, affollata di gente, ventiquattr'ore dopo. Sul pulpito c'è Ubajdullah. Al posto d'onore siede Timur, circondato dal suo seguito.
"Ho visto in sogno Maometto in persona e l'emiro Timur che era in piedi accanto a lui. Per tre volte mi sono inchinato al Profeta, ma egli non ha prestato alcuna attenzione e non ha risposto ai miei inchini. Allora io, addolorato, mi sono rivolto a Maometto con queste parole: 'Oh, messaggero di Allah, io sono un ministro del codice delle tue leggi, mentre Timur, assetato di sangue, ha ammazzato un'infinità di persone. Ebbene, lui lo accogli e me mi ignori', Maometto mi ha risposto: 'È vero, per volontà di Timur sono morti e muoiono un'infinità di uomini, ma egli ha riscattato questa colpa con il suo profondo rispetto per i Vecchi Saggi miei discendenti, perciò il popolo deve pregare per un simile sovrano'".
Detto ciò, Ubajdullah si inchina a Timur e aggiunge:
"Chiedo perdono per il dolore che vi ho causato, non sapendo chi voi foste".

"Discenda sul grande emiro Timur la grazia di Dio!
Gloria a Timur!", sono ora le acclamazioni che si
alzano dal popolo.
Quando Timur lascia la moschea, accompagnato
dalle grida di saluto della folla, Said gli si fa
accanto e gli chiede piano:
"Che cosa facciamo di Ubajdullah, stanotte?"
Timur fa un ampio gesto e sorride.
"Lascialo! Egli si è dimostrato comprensivo e ha
riscattato la sua colpa e tutto a mio vantaggio".

Confine con l'India, montagne, giorno 1396.
Accompagnato dai dignitari e dalle sue guardie del
corpo, Timur visita i suoi possedimenti. Appare
completamente ristabilito, anche se gli anni hanno
lasciato una traccia: la barba è sbiancata e il suo
viso è segnato di rughe.
"I nemici confidano nella mia vecchiaia, nelle mie
malattie. Ma io ho in serbo un regalo per loro.
Recentemente ho fatto sposare mio nipote Mizra
Iskander. Anch'io sposerò una coetanea di mio
nipote, per dimostrare ai nemici la mia forza e la
mia buona salute".
Si fermano nei pressi di una gola. Le guardie del
corpo lo aiutano a scendere da cavallo.
"Al di là di questa gola c'è l'India. Grandi sono i
miei possedimenti, ma il fatto che essi arrivino
solo fino ai confini con l'India non mi dà pace. Dio
stesso ha creato l'India per i fedeli mussulmani, ed
essa invece è dominata dai pagani idolatri ..."

Palazzo d'Estate di Timur, cerimonia, nuziale,
giorno 1396. Nello splendido palazzo di Timur, fra
ori, preziosi tappeti e tendaggi di seta, si celebra il

matrimonio. Sono presenti tutte le mogli di Timur, compresa Kan-Jo, i suoi figli, i suoi nipoti, dignitari e cortigiani. Accanto al canuto emiro, la nuova moglie sembra una fanciulla smarrita. Dopo che sono stati compiuti i riti nuziali ed i novelli sposi sono stati ricoperti d'oro e pietre preziose, Timur dichiara:

"Chiamerò la mia nuova moglie Juga-Jaga, 'Regina del cuore', per la sua giovinezza, ringiovanirà anche me. E per la sua inesperienza ed il suo smarrimento c'è un'ottima medicina, il vino! Che servano il vino! Le donne saranno allegre e gli uomini ubriachi, che bevano tutti!"

I servi distribuiscono le coppe di vino e tutti cominciano a bere.

"Bevi anche tu, Juga-Jaga", esclama Timur sorridendo dell'imbarazzo della fanciulla.

Juga-Jaga prende la coppa e beve un sorso e sputa fuori il vino.

"È amaro", si giustifica confusa.

"Portatele dello zucchero".

Immediatamente i servi portano lo zucchero e lo versano nella coppa di Juga-Jaga.

"Se hai paura di bere il vino per la sua asprezza, bevilo ora, che è diventato dolce, bevilo per amor mio".

Juga-Jaga beve e le brillano gli occhi.

"Non avevo mai bevuto del vino prima d'ora ... Ne voglio ancora!"

Le portano una nuova coppa, che beve tutto d'un sorso, poi scoppia a ridere: "Oh, gente, giuro su Dio che siete meravigliosi, anche le vostre parole sono meravigliose e questo luogo è meraviglioso, però qui manca la musica".

Anche Timur ha bevuto ed è gioiosamente eccitato accanto alla sua giovane e bella sposa. Ad un suo cenno echeggiano le prime note. Juga-Jaga, che ha assaporato il gusto del vino per la prima volta in vita sua, comincia a danzare. Un poeta di corte recita:
"Che ognuno a turno, giovane o vecchio, beva il vino. Non bere senza musica, persino i cavalli bevono quando gli stallieri fischiano".
Una fontana portata dall'Italia, riluce, al suono della musica, di mille colori ... I presenti sono allietati dall'esibizione di commedianti mascherati da bambole, mentre sei elefanti eseguono una lenta danza. Ora gli ospiti se ne sono andati ed è sceso il silenzio. Timur è seduto e guarda l'ondeggiare delle tende di seta. Convoca gli eunuchi e ordina loro di condurre la giovane sposa nell'harem. La bacia e le sussurra dolcemente: "Verrò da te domani, oggi sono stanco".

Palazzo d'Estate, notte 1396. I muri della stanza di Timur sono ricoperti di tasselli di specchio e Timur ne segue il riflesso ondeggiante.
"Ancora una volta ti ho allontanato, Iblis. Non riuscirai a sedurmi, a portarmi fuori dalla strada indicatami da Dio".
Una voce ride da dietro la tenda.
"Ti sbagli, Timur. Io sarò sempre accanto a te e sarò sempre con te. La tua fede, l'Islam, è una fede che erra per il mondo. Abbandona la fede dei tuoi padri e torna alla fede dei tuoi avi, io ti ucciderò, dandoti la morte più crudele e ti mutilerò nel modo peggiore – Scoppia a ridere – Tu combatti con la tua stessa anima, Timur, io ti costringerò a patire i

dolori più atroci. Non andare nell'Indostan, Timur, l'Indostan è il mio paese prediletto".

"Io distruggerò il tuo paese prediletto, Iblis, conquisterò l'Indostan e metterò a ferro e fuoco un gran numero di città!"

"Presto tu stesso, Timur, berrai la coppa della morte".

La voce svanisce. Nella stanza entra Said.

"Mi avete chiamato, grande emiro?"

"Che venga il dottore, mi fa male la testa. Temo di aver bevuto troppo vino – Dopo una pausa soggiunge – 'La vita è come una festa, l'allegria passa e duole la testa'".

India, esercito di Timur in marcia, giorno 1398. L'esercito di Timur avanza tra le macerie e gli incendi. Al suo seguito, viene condotta un'enorme folla di prigionieri. I guerrieri calpestano campi di grano e di riso, mentre i loro cavalli si aprono il passaggio tra canne da zucchero. Tutto attorno, lungo le rive di un gran fiume, svettano le palme e i bambù.

"Splendidi posti – esclama Timur meravigliato – Resta difficile credere che l'Onnipotente, dopo aver creato questi luoghi meravigliosi li abbia destinati ai miscredenti. Più probabile che gli infedeli li abbiano conquistati con perfidia e astuzia e con l'aiuto del Diavolo. Perciò noi non andiamo a conquistare, ma a liberare e a ristabilire la giustizia. Cacciamo via i seguaci di Buddha e Brama".

Nella pianura al di là del fiume Jumna si intravedono le mura fortificate di Delhi.

"Ci attende una lunga battaglia e nelle nostre retrovie ci sono troppi prigionieri. Quanti sono, Said?"

"Non so, forse un centinaio di migliaia".

"Per evitare il rischio di una rivolta, ordino di ammazzarli tutti e al più presto possibile, prima che il combattimento abbia inizio. Che in un'ora siano tutti decapitati!"

Urla disumane. Rantoli, fiumi di sangue. Gli uomini di Timur agitano i pugnali tra la folla dei prigionieri. Una quantità innumerevole di cadaveri ricopre il campo ancora prima dell'inizio della battaglia.

Ma ecco che improvvisamente si spalancano le porte della città e gli elefanti da combattimento si lanciano contro l'esercito di Timur. I guerrieri, che si stanno preparando all'attacco, cominciano ad arretrare. I cavalli si impennano, disarcionando i cavalieri.

India, Delhi, campo di Timur, sera 1398. Nel campo di Timur arde il fuoco. Lo sguardo fisso sulle fiamme, Timur cerca di dominarsi.

"Il primo giorno è stato sfortunato. Occorre riflettere. Gli animali non possiedono la ragione, dunque non temono né le frecce, né le spade, ma da sempre l'animale ha paura del fuoco".

Prende un fuscello e lo mette sul fuoco. Il fuscello comincia a bruciare.

"Said! Occorre caricare i cammelli di rami secchi e disporli davanti agli uomini".

All'alba i cammelli carichi di rami secchi sono schierati davanti all'esercito di Timur. Gli abitanti spalancano nuovamente le porte di Delhi per far uscire gli elefanti da combattimento. Ma, in un attimo, gli uomini di Timur danno fuoco ai rami secchi e i cammelli impazziti si lanciano contro gli elefanti. La vista delle fiamme getta lo scompiglio fra i pachidermi. Al che gli invasori si proiettano in avanti, irrompono nell'abitato appiccando numerosi incendi.

"Per tre giorni lascerò saccheggiare la città dai miei uomini! E così pongo termine alla prosperità della città di Iblis!"

Delhi, tempio di Brahma, sera 1398. Macerie. Incendi. Saccheggi. Timur visita l'antico tempio indiano di Brahma. Un bramino gli illustra le sculture in marmo raffiguranti gli dei.

"Questa è la trinità degli dei, Timur: Brahma, il creatore, Shiva, il distruttore; e Visnù, il conservatore. Nella loro trinità essi rappresentano un essere unico".

"Come la trinità dei Cristiani russi. Solo il nostro Allah è unico e indivisibile, mentre tutti gli idolatri si assomigliano. Sono tutte stupide favole, piene di cose incredibili, come quelle dei pagani e degli ellenisti. Il dio Cronos inghiottì i suoi fedeli e poi ri rivomitò. Il dio Zeus, il più importante di tutti, si congiunse con sua madre, ebbe da lei dei figli e si sposò con la figlia stessa che gli aveva dato sua madre. Io devo distruggere l'idolatria impura e innalzare sul mondo il bianco vessillo della vera fede, ma occorre sapere che cosa distruggere altrimenti ciò che viene distrutto, rinascerà ancora – Passa vicino ad un altro gruppo di sculture – Chi è questa donna?"

"È Durga, terribile con i peccatori. La chiamano anche Kali, cioè nera, è la sposa di Shiva".

"E questa?"

"Questa è Lakshmi, la sposa di Visnù, dea della felicità e della bellezza. E accanto a lei, ecco Kama, dio della passione d'amore. E questo è Hanesh, figlio di Shiva, dio del sapere".

Timur ha un beffardo sorriso: "E a me cosa possono dire questi idoli?"

Il bramino si inchina. "Oh, molte cose, signore. Molte cose. Le nostre anime obbediscono ad uno spirito superiore, perciò anime diverse hanno eguali sensazioni".

"Ebbene, domanda del mio futuro al tuo spirito superiore".

"Di quale futuro, signore, materiale o spirituale?"

"Lascia perdere le tue sciocchezze, bramino, e chiedi qualcosa di concreto. Chiedi, per esempio, quanto mi resta da vivere".

Il bramino si inchina e mormora qualcosa, pronunciando una formula rituale.

"Sette anni, signore".

"Sette anni? – sorride – Non si sarà sbagliato? Forse sono otto e mezzo, o magari sette e mezzo … o forse dieci, tre, cinque?"

"No, sette, signore, sette anni, signore. Morirete in viaggio".

"In viaggio? Quale viaggio?"

"Quale non so. Un lungo viaggio".

"Davvero pensi, bramino, che io presti fede alle tue favole sacrileghe? Ne ho già distrutti molti dei vostri templi pagani, distruggerò anche questo. Qui, presto! – improvvisamente comincia a respirare a fatica – C'è un'aria fetida qui, non si respira. Questi idoli esalano fetore, distruggete tutto!"

Timur esce rapidamente dal tempio di Brahma premendosi un fazzoletto sul naso. Una volta fuori, urla: "Perché anche qui all'aperto l'aria è cattiva?"

"Sono i cadaveri in putrefazione – gli dice un visir – Ci sono troppi cadaveri, grande emiro, e la zona è paludosa. I miasmi che si levano dai cadaveri hanno contaminato l'aria ed hanno ucciso già molti nostri uomini".

Timur è fuori di sé: "Bisogna andar via di qua, dobbiamo raggiungere la parte mussulmana dell'Indostan, verso l'Himalaya, dove spira l'aria pulita della vera fede ..."

Kashmir, esercito in marcia, giorno 1398. L'esercito tartaro avanza in un'India devastata. Durante una delle soste Timur si rivolge ai suoi soldati.

"La campagna d'India ci ha dato successo e ricchezze, ma essa non è stata che una marcia di preparazione. Il mio principale nemico e rivale è il sultano turco Bayazid, il Fulmine, il trionfatore dei cavalieri cristiani. Come l'indegno Tokhtamish, egli vuole essere il mio rivale nel dominare il mondo. È forse la prima volta che dovete viaggiare sulle schiene dei cavalli ed immergervi nel pieno della battaglia giorno e notte? Che ognuno di voi si domandi: 'In che stato mi trovo e come si comporta il mio cuore in guerra?'"

Risponde per tutti un vecchio soldato, dal volto segnato di cicatrici.

"Grande emiro, noi siamo resistenti come pali induriti dal tempo".

E tutti, levano le armi, gridando:

"Oh, grande emiro, te lo giuriamo su Allah e gloria a te, per la nostra prosperità".
"Miei guerrieri, io credo in voi come in me stesso. Lungo la strada placheremo le rivolte in Asia, nell'Azerbajgian. Avanti, nel nome della nostra grande fede!"

Il palazzo del re dell'Azerbajgian a Tabriz, sala udienze, giorno 1399. Il re Edil lancia un accorato appello.
"Ascoltate le mie parole. Le spie ci riferiscono che muovono contro di noi le schiere dello zoppo Timur e noi non potremo resistergli. Non resta che riscattarci con il denaro".
"Ma Timur esigerà una somma enorme – si obietta – E di nuovo, come l'ultima volta, ci deruberà, ci toserà come pecore e porterà tutti i nostri tesori nella sua Samarcanda".
"Dobbiamo escogitare qualcosa, uccidere quest'uomo e liberarci delle preoccupazioni che egli ci cagiona, liberare i Mussulmani dalla sua ostilità e dalle sue angherie".
"Le tue parole suonano alle nostre orecchie come una musica paradisiaca. Noi tutti saremmo felici della morte di Timur, l'assetato di sangue. Ma come ucciderlo, se egli è così forte ed ha un esercito tanto numeroso?"

Tabriz, mura e porte, notte 1399. Sfiniti per il lungo viaggio, completamente ricoperti di polvere, gli uomini di Timur si stanno avvicinando alla città. Si fa incontro una delegazione, formata dai nobili con alla testa il sovrano Edil. Recano doni. Edil si inchina a Timur, bacia i suoi piedi e dice:

"Pace a voi, grande fratello e sovrano! Tutta Tabriz attende i cari ospiti estenuati dal viaggio. Vedo che avete percorso un lungo cammino. Noi vi nutriremo con cibi gustosi, vi daremo da bere e potrete riposare tranquillamente nelle nostre case e nei nostri giardini".

Timur scende tranquillamente da cavallo. "Ti ringrazio, fedele Edil. Il mio esercito ha bisogno di riposo".

"Per prima cosa, o grande emiro Timur, dopo una lunga strada polverosa è necessario un buon bagno. E la nostra Tabriz va famosa per le sue terme".

Dette queste parole, Edil si china e bacia la terra ai piedi di Timur.

"Giuro sulla tua testa che hai ragione! – lo colpisce sulla testa reclinata così forte che Edil cade a terra – Ho scherzato, Edil, andiamo, chissà, forse tu ed io riusciremo a lavarci di dosso qualche peccato".

Tabriz, terme, notte 1399. Timur e Edil sono in un bagno di marmo, appartati. Sono distesi su delle panchine di pietra, mentre gli inservienti sfregano i loro corpi.

"Non esiste luogo migliore per conversare, poiché il calore apre i pori e depura la mente. È un vero dono di Allah che un uomo come te, grande Timur, si trovi qui e mi faccia l'onore di lavarsi con me in questo bagno".

"È giusto. L'incontro di una brava persona con un'altra brava persona le rende ambedue migliori, più riflessive e docili. Purché tu sia già docile per conto tuo, come una pecora destinata al macello. Quanto a me, mi sono indebolito per un gran dolore, sono dimagrito per la fatica del viaggio e sono ormai ridotto pelle e ossa".

"E cos'è che ti addolora, sovrano di così tante terre, grande emiro?"

"Mi addolora, Edil, il fatto che sono costretto a combattere non solo contro nemici potenti, ma anche contro astuti truffatori, esseri deboli, pavidi e pigri, come te, Edil".

"Timurlang, Timur lo zoppo, detentore storto e storpio di una fede contorta, quando si leverà il nuovo giorno e apparirà la luce, tu non ci sarai più, sarai simile ad un albero morto e tutta Tabriz, che tu vorresti ricoprire dei sangue, respirerà liberamente – Voltandosi verso un grasso inserviente – Strangola questo vecchio schifoso, che ha immaginato di essere il conquistatore del mondo".

In quello stesso istante si aprono le porte ed irrompono le guardie di Timur. Fra gli altri, c'è anche uno dei visir di Edil che ha rivelato le intenzioni del suo sovrano. Timur fissa Edil tremante per il terrore.

"Come vedi, chi è predestinato a rosolare sui carboni, non potrà certo affogare nel mare. Dunque, dato che se ti facessi arrostire sui carboni, esaleresti un fetore insopportabile, ti farò, allora, cuocere in un grande pentolone di rame. Mi spiace solo di non aver portato dall'India delle scimmie che avrebbero divorato la tua carne puzzolente".

Edil si butta a terra in lacrime e implorante.

"Grande emiro, ti supplico: uccidimi almeno prima di gettarmi nell'acqua. Lascia che quest'uomo mi metta un piede sulla testa e mi spezzi l'osso del collo".

"Che senso ha cuocere una carcassa? Tu dovrai bollire vivo! Io posso solo essere così clemente da non aggiungere nell'acqua il sale e il pepe, visto che, comunque, nessuno avrà voglia di mangiare la tua putrida carne. Ordinerò di spartirla fra i pesci e gli uccelli che, per quanto ricordo, non amano la carne salata."

Turchia, monti, giorno 1402. Lo sterminato esercito di Timur avanza nell'Anatolia. In mezzo alla cavalleria vi sono anche un'infinità di cammelli e di elefanti indiani da combattimento, carichi di bottini e di armi. Timur continuando a cavalcare detta le sue memorie.

"Dure battaglie ci attendono. Il terribile sultano dei Turchi ottomani, Bayazid, il Fulmine, ha conquistato con braccio di ferro i poveri resti della cristiana città di Bisanzio. Ma quanto più dura è la battaglia, tanto più ne sono esaltato. Bayazid è un degno rivale. Ho il compito di distruggere una grande potenza del passato".

Gli scrivani, che cavalcano sulla scia di Timur, si affrettano a trascrivere ogni sua parola.

"Vostra Altezza, non abbiamo udito tutte le parole e non le abbiamo riportate puntualmente", fa osservare ossequiosamente un vecchio scrivano.

"Per la storia delle mie gesta voi non dovete limitarvi a trascrivere le mie parole, ma dovete annotare tutto ciò che vedete attorno, tutto ciò che accade durante le mie campagne".

"Noi annotiamo tutto, prode e valoroso Timur".

"Ma indicate anche gli errori e le mancanze, poiché persino Iddio, nel creare l'uomo, ha commesso un errore, e per correggere questo errore ha dovuto

creare l'inferno infuocato ... E ricordate quante volte noi, cercando di fare del bene, commettiamo un errore e ne ricaviamo in cambio del male ... 'Noi facciamo del bene, ci viene risposto con il male, quando in risposta al male infertoci dalla stirpe dell'inferno, facciamo del bene per necessità, ben meritiamo l'amaro destino di difensori dell'inferno'. Tutti i profeti e i santi sono sempre stati oggetto di offese e angherie. Scrivete queste parole".
Gli scrivani si affrettano a prendere nota.

Turchia, Ankara, colle e campo di battaglia, giorno 1402. Timur segue la battaglia dall'alto di un colle e ripete fra sé e sé il sonetto miracoloso:
"Oh, tu, che trasformi l'oscura notte in giorno, e la terra tutta in un giardino fiorito e profumato! Oh tu, che puoi rendere lieve tutto ciò che di arduo incontriamo sulla faccia della terra. Inviami il tuo aiuto in quest'opera ardua! Rendi leggero il peso della difficoltà!"
Un ufficiale interrompe però bruscamente il suo vaniloquio. "La nostra fanteria è insufficiente. La fanteria di Bayazid ci sommerge con nugoli di frecce. Consentite di impiegare contro di loro le frecce con la punta arroventata, per incendiare le fortificazioni di legno, sulle alture dove sono appostati".
Timur s'irrita: "Ho detto che questa volta non voglio che si faccia uso del fuoco, non deve esserci un solo incendio. Bisogna distruggere tutto, ma in modo tale che non bruci nulla. Nelle biblioteche di Ankara ci sono molti libri preziosi e altri tesori, in primo luogo un grande Corano, vergato su pelle di

gazzella. Voi risponderete di questa reliquia con la vostra testa!"

In lontananza sulle colline si distende, quasi fosse una piovra, l'impronta sanguinolenta della battaglia. La nebbiolina rosa chiaro del giorno che nasce si dissipa lentamente e la luce del sole, penetrandola, apre uno squarcio su uomini e cavalli aggrovigliati nello scontro. Accorre un guerriero accaldato e, senza curarsi del sangue che gli riga il volto, riferisce a Timur in tono esaltato:

"Li abbiamo cacciati dalle colline e ora si stanno ritirando verso le mura della città".

"Ciò accade, Vostra Altezza, perché avete scelto una posizione assai vantaggiosa per le manovre della nostra cavalleria, che è la migliore del mondo, e assai scomoda anche per la migliore fanteria del mondo, come quella di Bayazid".

In quel momento si spalancano le porte di Ankara, e fra le urla forsennate, irrompe all'aperto un reparto di cavalleria con in testa il sultano. Il capo della guardia del corpo di Timur, Said, urla: "Sono i deli, i folli! Bayazid ci lancia contro i deli!"

"Sì, sono i folli, i reparti scelti di cavalleria, drogati con i narcotici. Ecco davanti a tutti il loro capo accanto alla bandiera verde. A me il bianco vessillo!"

Due onde di uomini a cavallo sono lanciate una contro l'altra. Già si scorgono i volti rossi e folli dei deli, i loro sguardi fissi, le bocche spalancate in urla selvagge. Il reparto di prima linea di Timur non regge all'attacco ed è costretto alla fuga. Ora dietro ai deli avanza la fanteria turca.

Timur lancia allora un ordine con voce imperiosa e terrificante: "Gli elefanti! Avanti gli elefanti!"

Gli elefanti da combattimento attaccano terrorizzando i cavalli dei deli, sconvolgono le loro schiere, ed ora interviene la cavalleria di Timur che impegna il nemico in un violento scontro corpo a corpo. Senza alcuna percezione del dolore, insanguinati, talvolta anche mutilati, i folli continuano ad agitarsi sul campo di battaglia, finché non cadono morti. Di loro non resta neppure un ferito, neppure un prigioniero, muoiono tutti. Sfrecciando sulle masse dei cadaveri, la cavalleria di Timur irrompe in Ankara.

Turchia, Ankara, biblioteca di Bayazid, sera 1402. In una delle stanze del palazzo del sultano Bayazid, Timur sfoglia amorevolmente un enorme volume del Corano scritto su pelle di gazzella.
"Che fortuna che oggi questo libro non appartenga più al rinnegato Bayazid, ma a me. Questo è proprio l'esemplare che fu trascritto da Osman, il segretario di Maometto. Ora questa reliquia che era custodita nei forzieri di Bayazid, io la porterò a Samarcanda".
"Che cosa dobbiamo fare dei prigionieri?", chiede impacciato Said che ha problemi molto più contingenti.
"I Mussulmani si possono riscattare, gli Armeni e gli altri infedeli siano gettati in un pozzo e ricoperti di terra – Riprende a sfogliare con interesse il Corano – Voglio organizzare una gara fra gli studiosi arabi, i turco-siriani e i miei, al fine di precisare alcuni aspetti della dottrina di Maometto".

Ankara, sera 1402. Timur entra nella sala del trono del sultano Bayazid. Tutti i dignitari del sultano e il sultano stesso sono ora in ginocchio davanti a lui. Zoppicando più visibilmente del solito per la stanchezza, Timur passa davanti ad essi dirigendosi verso il trono. Il trono è sistemato su una grande pietra verde.

"Che pietra gigantesca, la porterò con me a Samarcanda. Non sarà facile trasportarla, bisognerà aggiogare gli elefanti – si volta verso Bayazid che piange sommessamente – Anche tu mi servirai a Samarcanda. Al trionfatore spetta ogni cosa, sei d'accordo? E al vinto non resta che piegarsi."

Francia, Parigi, strade, giorno 1402. L'ambasciatore spagnolo Clavigo e il conte Kursel, dell'entourage del re Carlo VI, percorrono in carrozza le strade di una Parigi piovosa.

"Scusatemi per la franchezza – esordisce Clavigo – conte Kursel, ma probabilmente avete le idee poco chiare su cosa significa una guerra o una campagna in Asia. Volevo chiedervi una cosa ancora, conte. Quanto sono vere le voci di una presunta pazzia del vostro re Carlo VI? Ormai, gli si è incollato il soprannome 'il pazzo', e persino lo stesso Tamerlano me lo ha chiesto ..."

"Il nostro re è buono, ma sfortunato. Le voci sulla sua presunta pazzia sono state messe in giro da quei nobili a cui ha sottratto potere, essendosi circondato di persone oneste e capaci, ma, ahimé, di non nobile origine".

"Allora non sono vere le voci di eccessi e dissolutezza del vostro sovrano?"

"Purtroppo, sì!"

Parigi, giardini reali, giorno 1402. Da ogni lato si odono canti di uccelli nel grande giardino curato, quasi a rispondere al canto dell'acqua delle fontane alle voci allegre che riecheggiano poco distante. Su di un prato un giovane paggio gioca a palla con quattro ragazze dai dodici ai quattordici anni.

"Oplà ... Lili ... oplà, Muchet ... olpà, Joriet ... oplà, Terese ..."

"Charles ... Charles ... state di nuovo tirando la palla a Terese!"

"Perché Charles sa che io lo amo più di tutte!", Terese ride e bacia la palla prima di tirarla a Charles.

Anche Charles bacia la sfera e la tira di nuovo a Terese. Muchet, però, con un balzo se ne impadronisce. Terese, Joriet e Lili cercano di riprenderla a Muchet. La palla sfugge di mano e rotola verso i cespugli. Le ragazze la rincorrono, Charles, ridendo, le insegue. Poi il respiro si attenua, si odono gemiti, sospiri, rumori di baci. Il cespuglio si muove ritmicamente, ad ogni movimento cadono gocce di pioggia sui rami. Sul campo verde, accompagnati dai cortigiani, si presentano Clavigo e il conte Kursel.

"Sua altezza reale era qui proprio adesso", esclama apparentemente costernato un cortigiano.

In quello stesso momento il suo sguardo cade sul cespuglio. Senza volerlo anche Clavigo e il conte guardano nella stessa direzione. Momento di imbarazzato silenzio, interrotto solamente dai sospiri e dai rumori provenienti dal cespuglio.

Ad un certo punto il conte Kursel non sa più trattenersi:

"Vostra Altezza! – il cespuglio smette di ondeggiare – Vostra Altezza! È venuto, come avevate comandato, l'ambasciatore del re di Spagna, monsieur Clavigo".

Da dietro i cespugli appare il re, bagnato, con i vestiti in disordine, allacciandosi i pantaloni mentre cammina verso di loro.

"Bonjour, monsieur Conte – sorride con uno sguardo infantile – ho deciso di divertirmi un po' dopo la pesantissima riunione con lo Stato Generale. Bonjour, monsieur l'ambasciatore – tende la mano a Clavigo che, inginocchiandosi, la bacia – felice di vedervi ... Signor ambasciatore, io voglio, per la salvezza del vostro popolo e della Francia dalla minaccia inglese, unirmi ai Mussulmani. Signor ambasciatore, che cosa risponderebbe Emir Tamerlan se gli facessi una tale proposta?"

"Vostra Altezza, a quanto ne so, l'emiro Tamerlano ha altri piani. Ha intenzione di dare inizio ad una campagna in Cina e, grazie all'Onnipotente, ha deciso di soprassedere alla spedizione in Europa".

"Invano vi rallegrate di ciò. Tamerlano ha salvato l'Europa dai Turchi e la potrebbe salvare dagli Inglesi".

"Vostra Altezza, in Oriente c'è un proverbio che dice: 'Non ci si può chinare davanti al fuoco ardente'. Tamerlano ha già costruito abbastanza torri di teste turche, arabe e persiane. Vorreste forse che le costruisse anche con le teste francesi?"

Carlo VI scoppia a ridere. "Se invece le volesse costruire di teste inglesi, lo aiuterei di certo!"

"Vostra Altezza – li interrompe un cortigiano – Madame Clodette Chandivere. La preghiamo di attendere?"

"Che entri pure!" esclama invece il re con gioia.

Appare Madame Chandivere. Il re le appoggia la testa sul petto. Lei lo accarezza sui capelli.

Clavigo, sottovoce al conte: "Secondo me, l'udienza è finita. Dobbiamo trovare un modo gentile per andarcene".

Nel momento in cui il re bacia la donna, le ragazze che stavano giocando in lontananza, con un urlo si lanciano verso di lei. Cominciano a darle morsi e pizzicotti.

"Maledette sgualdrinelle! Levatemele di torno! Levatemele! Vi vendo ad un harem mussulmano. Maledette!"

Accorrono dei camerieri che spingono fuori le ragazze che oppongono resistenza.

Ormai il re è fuori di sé: "Distruggerò tutti i miei nemici! Sono stati mandati tutti dagli inglesi! E in prima fila, il duca di Orleans, che dorme con mia moglie Isabella – urlando, abbraccia Odetta – Isabella, Isabella, salvami!"

Odetta, con delicatezza abbraccia il re e insieme ai cortigiani lo accompagnano fuori dal giardino.

"Francia sfortunata", esclama avvilito il conte Kursel.

"Può darsi invece che sia un bene per la Francia che il suo re sia chiaramente fuori di sé. Infatti a quanti pazzi vengono tributati onori sui troni ..."

Turchia, Ankara, palazzo reale, sala del trono, notte 1402. Timur è seduto sul trono, davanti a lui, su di un tavolo, il grande Corano, redatto su pelle di gazzella. Alla sua destra e alla sua sinistra, siedono i dotti che disquisiscono fra loro. Un pingue saggio dalla barba rossa dice:

"Nostro Signore ha disposto il digiuno nel primo mese del Ramadan, quando Maometto ricevette la rivelazione dall'angelo della morte Gabriele. Il digiuno consiste dall'astenersi da qualsiasi cibo, bevanda, dal fumo, dal prendere bagni, dall'odorare le sostanze aromatiche, dal soddisfacimento dei piaceri carnali, dai discorsi vuoti e da qualsiasi genere di lettura, fatta eccezione per il Corano. Ma il Corano non dice, né ne fanno parola i commenti del Corano, come deve comportarsi un buon fedele se, casualmente gli capita di inghiottire una mosca nel periodo di digiuno".

Tutti scuotono la testa, quindi voltano lo sguardo verso Timur che tace, gli occhi socchiusi.

Il dotto dalla barba rossa solleva un grosso volume e prosegue: "Nei miei commenti io indico in quali casi la mosca possa essere equiparata al consumo di carne e il digiuno vada considerato violato. E in quali casi, invece, la mosca possa essere paragonata all'ingestione casuale di una goccia di pioggia o di un fiocco di neve".

Badi Zaman lo interrompe con garbo: "Oh, stimato Hussein, che Dio accolga le tue preghiere. Dici tali sciocchezze che farebbero ingiallire persino il muso di un asino. Non sai forse che anche l'ingestione di una goccia di pioggia o di un fiocco di neve è da considerarsi come una violazione del digiuno? A maggior ragione, l'ingestione di una mosca che, senza dubbio, può essere equiparata alla carne magra di montone".

"Oh, stimato Badi Zaman, che Dio prolunghi i tuoi anni, tu trascorri troppo tempo alle terme e alle mescite di caffè e forse perfino in quei luoghi, di cui si parla nel racconto del re Shaikhsan e dei suoi fratelli e dove le donne si stendono, e, come scritto, dicono: 'Infilalo, ma che sia duro'. Proprio per questo nei tuoi commenti non sei in grado di comprendere l'essenza del digiuno che ci è stato imposto dal profeta Maometto".

Interviene nella disputa un terzo dotto: "Giuro su Dio che ambedue dite molte sciocchezze, tuttavia, nella vostra discussione sono pronto piuttosto a sostenere il rispettabile Hussein, poiché la mosca può essere paragonata a un pezzettino di cibo rimasto tra i denti della sera prima. Se colui che ha mangiato inghiotte casualmente questo pezzetto, il digiuno si considera violato, qualora tale pezzetto di cibo sia grande come un pisello o più. Dunque, se la mosca inghiottita è grande come un pisello, il digiuno è violato".

"Oh, grandi uomini, essenziale non è il cibo, ma la medicina. L'importante è stabilire in quali casi sia ammessa l'assunzione di una medicina durante il digiuno".

"Allah non ammette assunzione di medicine in nessun caso – ammonisce un giovane dotto – Persino qualora vi sia rischio di morte, il digiunatore non può assumere medicine durante il periodo del digiuno, non solo per bocca, ma anche attraverso altro orifizio, orecchie, occhi e naso, nonché attraverso gli orifizi di uscita. La vita di un uomo è niente rispetto ai precetti di Allah".

Infine anche Timur dice la sua:

"Hai ragione, sono d'accordo con ciò che tu dici. Il precetto dell'Onnipotente è al di sopra della vita. il male proviene da lui, così come il bene, noi non siamo che degli esecutori. Come ci si può aggrappare alla vita, violando i precetti di Dio? Persino gli angeli della morte, anch'essi muoiono come gli uomini prima del giorno del terribile giudizio universale e l'ultimo essere che resta vivo è l'angelo della morte Israil, che muore per ultimo. E l'uomo, cui per volontà di Allah è stato affidato il compito di conquistare il mondo, deve essere simile all'angelo Israil. Sentite? Questa è la musica della morte".

Nel frattempo, per le strade sono usciti gli arrotini con i loro strumenti, formando una lunga fila. I guerrieri portano loro spade e pugnali per affilare le lame, non lontano dal luogo dove si ammucchiano i cadaveri dei giustiziati.

Samarcanda, porte della città, sera 1404. Il vittorioso esercito di Timur torna dalla campagna di Turchia con un ricco bottino e un'infinità di prigionieri. Fra i prigionieri c'è anche il sultano turco. Folle di popolo accolgono festose il trionfatore. Alla testa delle mogli di Timur c'è, come sempre, la prima sposa, la regina Kan-Jo. Fra gli altri, si notano anche ambasciatori di vari paesi.

Clavigo, appena ritornato dall'Europa, si rivolge al suo interprete a bassa voce: "Timur ha la natura del leopardo e l'umore di un leone. Prima della guerra in India pareva quasi sul punto di morire. Ora la vittoria su Bayazid lo ha trasformato".

"Adesso si prepara alla campagna della Cina, per confermarsi definitivamente il signore del mondo".
"Io sono stato in Cina. C'è una catena montuosa che si chiama la 'catena della prugna' ed è una specie di simbolo di quella sterminata regione. In cima alla catena si trova il tempio del condottiero cinese Mei, che significa 'Prugna selvatica'. Appena incominci a salire verso la Cina, incontri una scritta che intima: 'Fermati, non andare oltre'".
"Timur non si fermerà".
"Salendo ancora, si incontra una scritta che avverte: 'Qui i corsi d'acqua sono impetuosi, indietreggia coraggiosamente'".
"Timur può essere costretto a indietreggiare solo dalla morte!"
"E sulla vetta c'è una terza scritta: 'Alza la testa: il sole è più vicino'".
"Timur anela ad essere più vicino al sole".

Palazzo di Timur, Samarcanda, sala del trono, notte 1404. Timur visita con il suo seguito la sala del trono in costruzione. È un corridoio lungo e angusto, circondato da una stretta galleria coperta. Nella parte anteriore è già stata collocata la grande pietra verde e su di essa si erge il trono. Timur si siede sul trono e avvolge con lo sguardo la sala deserta percorsa dagli operai che vanno e vengono.
"Mi piace! Qui si sente lo spirito di Maometto, il fondatore dell'Islam. Ecco, questa casa mussulmana costruita apposta per gli ospiti è in perfetto accordo con la severa solennità del sovrano. Là tutto intorno, lungo la galleria, saranno sistemati, in conformità con il loro titolo, i

vassalli che vengono a inchinarsi a me da tutte le parti del mondo. Ma siccome la galleria è grande, quattro uomini a cavallo dovranno immediatamente riferire le mie parole, le parole del conquistatore del mondo, a coloro che si trovano in fondo alla galleria. E siccome la pietra verde è eccessivamente alta, qualche prigioniero di nobili origini mi dovrà fare da scalino ...”

Palazzo di Timur, Samarcanda, sala del trono, giorno 1404. La galleria è affollata di dignitari, vassalli, ambasciatori stranieri. Timur siede sul trono e poggia i piedi sulla schiena di nobili prigionieri a carponi che si danno il cambio. Ad un dignitario turco ne succede uno georgiano e poi un principe russo. Timur è ormai vecchio, i suoi occhi sono semichiusi, la sua barba bianca è rada e le sue mani tremano quando sfiorano l’enorme Corano poggiato su di un tavolo davanti a lui. Parla con voce fievole, ma quattro giganteschi araldi, che montano maestosi cavalli, al centro della galleria, raccolgono quanto pronunciato e, con voce tonante, lo rilanciano lungo tutta la galleria.
“Nel nome di Allah, misericordioso e compassionevole, sappiano tutti i miei parenti, sappiano tutti i miei figli nati nella gioia, sappiano i miei potenti congiunti, i sultani, gli emiri e i visir, che Allah per sua volontà mi ha nominato pastore dei popoli, mi ha incoronato sovrano e ha consolidato il mio trono. Così ha voluto Iddio, come premio alle qualità del mio carattere e al mio rispetto per i santi della nostra religione. Per tutto questo, con l’aiuto dei miei valorosi condottieri e dei miei emiri, io sono diventato il sovrano di ventisette

stati: Persia, Turan, Rum, Maghreb, Siria, Egitto, Iraq, Arabia, Adjeni, Masanderan, Himenia, Shirvana, Azarbajgian, Farsa, Khorasan, Ceta, Grande Tartaria, Khoresm, Khotan, Kabulistan, Baktrisamane, Indostan".

Si odono alcuni squilli di tromba e l'araldo più anziano annuncia: "Il grande emiro, conquistatore del mondo, Timur, dà inizio al ricevimento degli ambasciatori stranieri. Si faccia avanti l'ambasciatore del re di Spagna Enrico III, signor Clavigo".

Clavigo si fa avanti, si inchina.

"Grande emiro, consentimi la fortuna di vedere il tuo meraviglioso viso un poco più tardi, poiché io non conosco bene la lingua del luogo e il mio interprete è in ritardo".

"In ritardo si può andare alle terme o dal barbiere, ma non dal sovrano del mondo. Il termine 'in ritardo' non esiste quando ti rechi dal sovrano del mondo. Sai cosa sostiene Aristotele? 'Gettare i semi significa seminare', mentre per il sole che getta la luce non c'è alcuna definizione, perciò non esiste neppure la parola 'in ritardo' quando ti rechi dal sovrano, ciò si dice in modo diverso: Lesa Maestà, e viene punito in modo particolare".

"Grande emiro, ecco che è comparso l'interprete".

E Clavigo indica l'affannato traduttore.

"Ne sono lieto – rivolto alle sue guardie del corpo – prendetelo e bucategli il naso, fate passare una corda attraverso il buco e trascinatelo per tutta la galleria".

Le guardie del corpo afferrano l'interprete, lo mettono in ginocchio e gli avvicinano il coltello al naso. Clavigo si inginocchia di fronte a Timur.

"L'emiro misericordioso ha detto: 'Ciascuno deve soffrire per i propri errori'. L'interprete invece soffre per i miei, poiché io l'ho mandato, al momento sbagliato, nella biblioteca costruita da Vostra Grazia e che, si dice, è migliore della famosa biblioteca di Alessandria".

"Sì, la mia biblioteca è bella – con un cenno ordina alle guardie di interrompere la punizione – Perdono questo sciocco, ma solo per rispetto dell'ambasciatore del re di Spagna. Avvicinati, ambasciatore Clavigo. Riferisci al tuo re che io non sono contento di te. Voi Cristiani vi trovate fra noi Mussulmani e dovete rispettare i nostri usi. Noi poniamo al di sopra di tutto l'Islam, ma rispettiamo gli usi e costumi degli altri popoli. Nel nostro Corano Isa, il vostro Gesù, è riconosciuto come profeta, sebbene noi consideriamo la divinità di Cristo un'eresia. Noi consideriamo la madre di Musa, il vostro Mosè, nostra protettrice, al pari di Aisha, la sposa del profeta Maometto, e di Fatima, sua figlia. Noi rispettiamo voi e voi rispettate i nostri usi, dettatici dai nostri santi".

"Ricorderò i vostri saggi consigli".

Clavigo fa un inchino e si allontana con il suo interprete che non sa trattenere la gioia per lo scampato pericolo ed è preso da un fastidioso tremore.

L'araldo allora annuncia: "L'ambasciatore dell'imperatore cinese Vu dall'onnipossente emiro!"

Si avvicina a Timur, facendo profondi inchini, un cinese piccolo e sorridente.

"L'imperatore cinese Vu, sovrano del Celeste Impero, non sa con quale titolo rivolgersi al sovrano di questo paese. Il nostro imperatore Vu

proviene dalla dinastia Ei, mentre il vostro sovrano proviene da una stipe di allevatori di bestiame ... la tribù Barlas".
Timur impallidisce, ma si domina e solo le mani poggiate sul Corano sono scosse da un tremito.
"Il mio titolo è 'splendente', ma possiedo ventisette stati, mentre molti discendenti del Khan versano in miseria e sono ignoti a tutti. Il vostro stesso imperatore Vu, da giovane era il monaco Ciuancian e adorava gli idoli. Ha meno diritti di governare la Cina di quanti ne abbia io che ho conquistato il mondo ..."
L'ambasciatore cinese continua a sorridere.
"Splendente Timur, consentitemi, per proseguire la nostra piacevole conversazione, di accendere, secondo il costume cinese, i bastoncini di incenso – depone per terra un piccolo crogiuolo e accende i bastoncini – L'aroma dell'incenso all'interno di una stanza è uno dei più seducenti piaceri dello spirito. Noi accendiamo sempre i bastoncini di incenso quando porgiamo i nostri doni".
Il cinese suona un campanellino. Alcuni cinesi recano i doni imballati in quattro scatole ricoperte di prezioso velluto. Una scatola è piccola piccola, la seconda un po' più grande, la terza ancora più grande e la quarta molto grande.
"Il nostro imperatore Vu ha cacciato da Pechino, in Mongolia, l'ultimo imperatore discendente da Gengis-Khan, Kubilai e suo figlio Togon. La Mongolia si sforzava di governare la Cina con giustizia. Dimostrava tolleranza nei confronti delle altre religioni, rispettava le leggi cinesi, ma il popolo cinese non lo amava lo stesso, perché ricordava le crudeli conquiste di un tempo e perché

la Mongolia dava nomi diversi alle nostre città. Chiamava Pechino Djundo, ma noi Cinesi amiamo i nostri nomi che sono leggiadri come il nostro paese. E se voi, splendente Timur, volete venire da noi come viaggiatore e non da conquistatore sanguinario, trovereste nel nostro paese molte cose degne di attenzione. Potreste godere della bellezza della montagna fiorita, potreste bere sotto gli alberi in fiore una tazza della nostra bevanda, il tè, e poi, dal rifugio chiamato 'delle bianche nubi', vedreste uno specchio d'acqua trasparente e senza fondo, in cui nuotano pesciolini d'oro. Da noi in Cina – l'ambasciatore sorride – c'è un proverbio che recita: 'Il diaspro si distingue per la sua durezza; il senso del cerchio la sua sostanza'. I conquistatori vengono e vanno, ma la Cina resta dura come il diaspro e costante come il cerchio, perciò accogli i nostri doni, splendente Timur, e rifletti sul loro significato ... - il cinese apre la scatola più piccola e ne fita fuori un cucciolotto – Splendente Timur, il nostro imperatore cinese Vu prega di riferirti quanto segue: all'aspetto si direbbe che tu sia vecchio, hai la barba rada e bianca e mani tremanti, ma a giudicare dai tuoi pensieri, sei un bambino se desideri conquistare la nostra Cina e perciò ti serve un compagnuccio. L'impertore cinese ti dona questo cucciolotto! – L'ambasciatore depone con un sorriso il cucciolotto su di un piccolo vassoio dorato. Quindi apre la seconda scatola un po' più grande – Splendente Timur, l'imperatore cinese Vu ti dona questa frusta, in quanto sei un bambino viziato, e come tale devi essere educato e perciò accetta questa frusta come simbolo della tua educazione –

L'ambasciatore posa la frusta su un altro vassoio un poco più grande, poi apre la terza scatola e ne tira fuori una palla bizzarramente dipinta – Splendente Timur, il nostro imperatore cinese Vu ti invia questa palla perché tu abia un modo degno di tenerti occupato insieme ai tuoi briganti tanto immaturi quanto te, e non ti lasci trasportare dai tuoi assurdi progetti da assassino inveterato, quale sei, che hanno devastato città e popoli – Sorridendo, il cinese posa la palla su di un altro vassoio dorato. Infine, apre la quarta scatola che è piena di monete d'oro e d'argento. E continuando a sorridere, spiega – Splendente Timur, l'imperatore cinese Vu ti invia una scatola piena di monete d'oro e d'argento. Abbiamo sentito che ti preparavi a venire in Cina per derubarci delle nostre ricchezze. Ebbene, sappi che il nostro imperatore ha tanti guerrieri che è impossibile contarli, come è impossibile contare i granelli di sabbia, ed ha tanto oro e argento che ci si può ricoprire tutta la superficie della terra. Perciò l'imperatore cinese ti invia una scatola d'oro e d'argento perché tu passa saldare i conti con i tuoi compagni di razzie e abbandoni la speranza di saccheggiare le città altrui. L'imperatore cinese mi prega di riferirti quanto segue:
‘ Ascolta il mio ordine, brigante sanguinario Timur, e resta a casa tua. Ben difficilmente sarai tanto fortunato da riuscire a sopraffare il nostro paese che è protetto dalla gialla gru immortale che vola in cielo. Tu vuoi conquistare un paese che per mancanza di rispetto chiami con lo sciocco termine di Cataj. Adoperi il rosso termine turco Cataj che si è diffuso per tutta l'Asia fino alla paludosa

Mosca. Nessuno comprende il nostro paese, eccetto noi. Secondo un'interpretazione scorretta, Tiansia sarebbe l'Impero Celeste. I Britanni dai lunghi capelli ci chiamano l'Impero Celeste, come se noi vivessimo in cielo e non sulla nostra fertile terra che è il Centro dell'Universo. I Britanni ci chiamano China, i Galli Chine, i Germani Khina. Noi ci chiamiamo Djun-go, stato centrale. Noi ci chiamiamo Hua-sa, stato fiorente, Djun-ha, centrale fiorente, Djun-kan, pianura centrale, Su-hai, paese fra le quattro montagne ... Ecco che nomi leggiadri e poetici ci siamo dati e tu, barbaro selvaggio Timur, vorresti conquistare il nostro paese, grande e bello, che si distende da Dji-li fino al fiume Yan-tze-kjan a sud, e da Shan-djou a ovest sino al mare ad est. Chi sei tu per ascriverti il diritto esclusivo al pronome Djen che significa io? Solo l'imperatore può chiamarsi Djen, mentre di gente come te, Timur, ne è pieno il mondo"'.
Quando il cinese termina di parlare, nella sterminata galleria zeppa di vassalli provenienti da ogni dove e ambasciatori, cala un silenzio totale. Persino il principe russo prigioniero, che in questo momento è carponi sotto i piedi di Timur, ha la bocca spalancata per lo stupore e il terrore nell'attesa della risposta di Timur ad una simile, inaudita offesa. Tutti i cortigiani guardano tesi e perfino impauriti Timur. Anche Timur siede in silenzio, è impallidito e stringe i pugni per non dare a vedere come gli tremano le dita delle mani. Infine comincia a parlare a bassa voce:
"Fedeli mussulmani, perché siete così turbati da questa lettera, neanche essa possedesse una propria forza? Ci sono cani che non possono

azzannare con la forza del corpo e l'acutezza dei denti e allora si mettono ad abbaiare a più non posso, come se il loro abbaiare fosse testimonianza di forza. Se davvero i Cinesi hanno un grande esercito, ciò significa solamente che dovremo combattere con coraggio, come lo abbiamo fatto con altri nemici. Quanto a coloro che hanno recapitato questa lettera, prendeteli, legateli, e conduceteli alla crocefissione. Inchiodateli alla croce anche se non sono Cristiani, perché per noi Mussulmani, la crocefissione è la condanna a morte più vergognosa".

A queste parole, l'ambasciatore cinese urla terrorizzato:

"Grande emiro, che cosa abbiamo fatto di male, perché tu ordini di darci una morte infamante? Noi ti abbiamo solo portato una lettera altrui ed abbiamo eseguito l'altrui ordine!"

"Della vostra morte incolpate l'imperatore cinese e non me! L'imperatore cinese ha inviato questo messaggio come se si rivolgesse a un brigante e non a un sovrano. Ebbene, io mi comporto con voi da brigante e non da sovrano".

"L'imperatore ha scritto senza sapere nulla. Noi, invece, possiamo vedere che non abbiamo a che fare con qualcuno che si è impadronito arbitrariamente del potere, vediamo un ordine esemplare e comprendiamo con quale ragionevole sovrano abbiamo a che fare".

"Visto che queste sono le vostre parole, accetto i vostri regali e scriverò una risposta. Ordino che sia cucita con filo d'oro al tuo corpo nudo e che tu sia condotto dal tuo imperatore con le mani legate".

"L'ambasciatore risponde con un inchino a queste parole:
"Meglio il dolore della morte".
Con un cenno del capo, Timur chiama a sé gli scrivani e comincia a dettare:
"Imperatore cinese Vu! Tu mi hai inviato un cucciolotto, una frusta, una palla e una scatola d'oro. Naturalmente, tu hai inviato tutto ciò per deridermi, ma io ho accettato i tuoi doni come buon auspicio. Il cucciolotto mi ha ricordato la mia casa paterna, dove sono stato nutrito e dove mi è stato insegnato che sarei stato il signore del mondo. La frusta l'ho presa per colpire i nemici e ridurli in schiavitù con le mie stesse mani. Con la palla mi hai annunciato che possiederò l'universo, poiché l'universo, per l'appunto, è simile ad una palla, ha la forma di una sfera. Un grande segno tu mi hai inviato attraverso la scatola d'oro e d'argento. Hai profetizzato la tua stessa sottomissione a me! E una volta sconfitto, tu mi verserai i tributi".
Timur ha finito di dettare. Si leva dal trono e l'araldo annuncia: "Il grande emiro ha terminato l'udienza!"
Timur fa alcuni passi, ma all'improvviso le forze lo abbandonano e ancora una volta vomita davanti a tutti. Accorrono i medici, si agitano i cortigiani. Clavigo che ha osservato la scena, mischiato alla piccola folla di ambasciatori, dice a bassa voce: "Il suo pensiero è ancora sensato e chiaro, ma le forze ormai l'hanno abbandonato, non riuscirà ad avere la meglio sulla Cina".

Pechino, cortile sulla riva del lago, giorno 1404. Nel piccolo cortile, sulla riva del lago, una pergola di uva copre dal sole una pietra quadrata, che funge da tavolo per gli scacchi, e la brocca del vino. L'imperatore cinese Vu, in un semplice vestito da casa, gioca a scacchi con il poeta Lio. Non lontano, il pittore C'jo-Tan fa uno schizzo di questa scena di vita domestica del sovrano.

"Com'è piacevole il rumore dell'acqua. Ricordo quando non ero ancora imperatore, ma un giovane monaco buddista ... Può darsi che sia stato proprio questo suono melodioso a suggerirmi l'idea della rivolta contro i Mongoli ... Il nostro paesaggio cinese ci ha sempre aiutati a a difenderci dagli stranieri. Lio, leggici qualcosa che ci parli del nostro paesaggio".

"Grande imperatore, vi leggerò alcune parti del mio poema Fu".

"Non mi chiamare 'grande imperatore' ... ti prego di sederti ... noi ora siamo semplicemente tre cinesi che stanno godendo della bellezza del paesaggio e del cielo cinese ... leggi, leggi pure!"

"Quando arrivano qui le cicogne dorate, asciughiamo fino in fondo e piantiamo le erbe dai mille anni con il vino sacrificale ..."

Viene interrotto da un cortigiano che dopo un profondo inchino si rivolge a Vu: "Grande Imperatore, scusatemi se vi disturbo nel momento del riposo, ma è una cosa urgente. È arrivato il messaggio da Tamerlano".

Il poeta Liu, confuso, tace.

Vu prendendo il messaggio dalle mani del cortigiano si accorge delle macchie: "Perché è sporco di sangue?"

"Tamerlano ha ordinato di cucirlo addosso al corpo del nostro ambasciatore".

Vu è accigliato. "Barbaro! Persino sotto Gengis-Khan, gli ambasciatori erano considerati intoccabili – Legge il messaggio – Non mi sconvolgono le offese dirette a me, con il suo stile da bandito, o allo stato. Mi sconvolge il modo in cui è scritto. Si può forse fare un paragone con la ricchezza e la musicalità della lingua cinese? Per esempio, ma-shen significa sopra il cavallo, mentre shen-ma, sedere sopra il cavallo".

"Nella lingua cinese quello che conta è l'intonazione, negn-shan, uguale, zioi-shan acuto, elu-shan corto".

"Quanti anni ha Tamerlano?" chiede Vu rivolto al cortigiano.

"Secondo i loro calcoli, 72".

"Allora 73, secondo i calcoli cinesi. Noi calcoliamo gli anni più saggiamente, non dal momento della nascita, ma da quello del concepimento. No, non arriverà mai in Cina. Morirà senza raggiungerla. Lo accoglierà presso di sé Isinma, padrona del paese della Morte e del regno delle Ombre ... - Ride sommessamente e in maniera gentile – Liu, continua pure il tuo bellissimo poema ...".

Palazzo di Timur, Samarcanda, camera da letto, sera 1404. Kan-Jo giace malata sul letto. Il suo viso è di un pallore spettrale. Timur è seduto accanto a lei e le stringe la mano.
Kan-Jo gli parla con voce debole: "Da alcuni giorni faccio sempre lo stesso sogno. I miei genitori mi inviano una barca per richiamarmi a sé. E quando io chiudo gli occhi mi sento leggera leggera, come se abitassi in cielo e scivolassi sopra le nuvole e le nebbie. Forse perché la mia anima è già volata via

e qui non è rimasto altro che il mio corpo effimero?”

“Tu sei malata Kan-Jo. Devi prendere un medicamente e erbe curative che risollevino le tue forze morali. Ho già mandato a chiamare i medici più illustri”.

“Mio signore, la mia malattia è iniziata per un esaurimento causato dalla mia anima dolente. Per tutta la vita ho fatto attenzione a non commettere errori, con tutto l’animo mi sono sforzata di essere una buona sposa”.

“È vero. Tu sei la mia sposa migliore. Non ho mai amato nessuna come te, in nessuno ho mai avuto tanta fiducia come in te, da quando sono morti mio padre e mia madre, ma sono stato io a procurarti molte pene”.

“Forse ho provato molto dolore, ma in cambio il destino mi ha donato uno sposo e un amico come voi, mio signore”.

“Anch’io sono stanco, Kan-Jo. Ormai sono vecchio e forse non mi rimangono più molti anni. So di aver causato dolore a molti. Per colpa mia sono morti e muoiono un’infinità di uomini, ma così vuole la forza superiore che non è su questa terra: infatti, non sono che la debole e pallida ombra di un altro mondo, di cui parlano i sogni profetici, gli astri del cielo e le predizioni del Corano. Fin dall’infanzia sono stato segnato dalla mano del Signore, per svelare i destini del mondo ad occhi ciechi. Ecco perché la tua patria, la Cina, deve piegarsi a me. Il signore del mondo, infatti, deve preoccuparsi dell’unità del genere umano, per questo io ho più diritti sulla Cina di quel monaco buddista di nome Djan, che ha assunto illegalmente il nome di imperatore Vu. Tu, Kan-Jo, discendi dall'autentica stirpe imperiale di Khubilaj, dalla progenie di Gengis-Khan. Il monaco buddista impostore deve essere cacciato dalla Cina, io devo ripristinare la giustizia. Il mio antenato Nojon, che si è convertito alla vera fede, mi ha affidato il compito di ricomporre ciò che è stato distrutto dopo Gengis Khan. Io non vado in Cina da conquistatore, non vado per conquistare ciò che appartiene ad altri, ma per riconquistare il mio".

D'un tratto, come ritornando in sé, guarda Kan-Jo. La donna è distesa immobile con gli occhi chiusi. Timur sussurra con voce turbata:

"Tu dormi, Kan-Jo, ed io parlavo ad alta voce".

La voce di Kan-Jo è ora appena percepibile.

"Io non dormivo. Ero già lontana. Ma la vostra domanda mi ha richiamato indietro. Io voglio dirvi qualcosa, ma non ora, quando la mia anima prima di andarsene per sempre, tornerà ancora una volta a casa, secondo l'uso cinese, per congedarsi. Posate i miei abiti sul letto. Deponete un piatto con del cibo e una tazza di vino, ma fate attenzione, mio signore, anche i demoni saranno vicini e voi potreste cadere in loro potere – Improvvisamente apre gli occhi e dice distintamente: – Me ne vado in un mondo diverso ...".

Lacrime scendono sul suo viso ... e poi, il silenzio. Timur siede come impietrito, senza piangere, al capezzale della sua sposa prediletta.

Samarcanda, sepolcro Gur-Emir, giorno 1404. Fastosa processione funebre. Timur segue le spoglie di Kan-Jo con lo stesso viso immobile e dolente. La processione passa accanto ad una fila di alberi, per poi entrare nel sepolcro sormontato da una bella cupola. Al suo interno si scorge una tomba ricoperta da una lastra nera, la tomba di Berké, il maestro prediletto di Timur. Accanto c'è una grande pietra verde, molto preziosa, ma spezzata in due. Kan-Jo viene calata nella tomba. Dopo la cerimonia Timur osserva di nuovo attentamente la pietra verde.

"Questa pietra è stata portata recentemente dalla Cina. L'ha ordinata la principessa Kan-Jo che l'ha pagata col suo denaro, ma purtroppo – aggiunge dolente il visir – si è spezzata durante il trasporto".

"Non fa niente. La pietra è bella lo stesso. La premurosa Jan-Jo ha ordinato questa pietra per la mia tomba".

Palazzo di Timur, Samarcanda, sala del trono, giorno 1404. Timur siede sul trono con un'espressione abbattuta. La galleria è vuota ed egli poggia i piedi sulla schiena di un nobile persiano, mentre i cortigiani sono un po' distanti. D'un tratto Timur alza il capo e chiede:

"Quanto c'è da Samarcanda al confine con la Cina?"

"Dieci giorni a cavallo".

"Solo dieci giorni a cavallo e il mio esercito entrerà in Cina?"

"Ma per arrivare a Pechino occorrono non meno di sessanta giorni. Chi conosce la Cina, conosce anche quanto siano ostici i suoi confini. Arrivare sino alla Cina non significa ancora entrare in Cina. I Cinesi hanno fortificato la grande muraglia, occorrerà guadare molti fiumi maestosi e superare valichi di montagna. La popolazione cinese è molto numerosa e nella sua maggioranza estranea e ostile a noi Mussulmani".

"Ma è forse la prima volta che dobbiamo agire fra una popolazione ostile? Chi non china il capo al mio passaggio, lo depone sul trespolo del boia. Mi è indifferente con quali teste fare piramidi: siano esse persiane, indiane o cinesi. Io ho più diritti sulla Cina di quel monaco buddista che si è proclamato imperatore. La mia sposa Kan-Jo, da cui ho avuto un erede, era una principessa cinese".

"Grande emiro, la principessa Kan-Jo, pace alle sue spoglie, era una principessa mongola della famiglia di Khubilaj, discendente da Gengis Khan. Gengis Khan tentò di dare vita alla dinastia cinese Juan, che i Cinesi non accettarono mai".

"Ecco, per questo io vado a punire coloro che hanno cacciato i discendenti di Gengis Khan".

"In tal caso, grande emiro, vi preghiamo almeno di rinviare la campagna all'estate. La Cina del nord è un paese freddo e ventoso. Le nevi ricoprono i passi montani, i fiumi gelano, bisogna aver compassione per i soldati ..."

"Attendere sino all'estate ... Attendere può un giovane, mentre io sono ormai un uomo vecchio. Quanto ai miei guerrieri, non vanno compatiti, i soldati non sono bambini. Essi esistono per soffrire, combattere e vincere. Ricordate la campagna di ghiaccio, quando inseguimmo e cacciammo il maledetto Toktamysh oltre il Polo?"

"Tuttavia, grande emiro, vi preghiamo ancora una volta di riflettere. La Cina non è la Tartaria e l'imperatore cinese non è Toktamysh".

Timur perde l'autocontrollo.

"Siete conigli paurosi! Che ne sarà delle mie conquiste dopo la mia morte? Ecco ciò che mi preoccupa. Nullità! Ordinerò di impiccarvi tutti e nominerò ministri, al vostro posto, dei semplici soldati!"

I ministri restano in silenzio, consapevoli della collera che ha colto il sovrano. Infine, superata la propria indignazione, Timur abbassa il tono della voce:

"Sì, io sono un semplice mortale. Sono già un uomo vecchio, ma prima di morire confido di adempiere la volontà del Signore, e non mi fermeranno né i vostri ammonimenti, né le profezie degli indovini. Voi siete uomini deboli, vedete solo questo mondo, mentre io credo nel mondo dei misteri. Per questo io sono il signore del mondo, solo a me è dato di sentire le voci che vengono dall'aldilà, dal mondo dei misteri. Spero che tali voci e i sogni profetici mi siano benevoli".

Palazzo, Samarcanda, camera da letto di Timur, notte 1404. Timur è seduto accanto all'ampio talamo su cui è morta Kan-Jo. Le sue vesti sono ancora sul letto e le scarpe accanto ad esso. Sul tavolo c'è del cibo e del vino e su un basso tavolino ardono due candele. Un monaco buddista legge una formula di rito e poi si rivolge al sovrano sommessamente:

"Signore, ho chiamato l'anima della vostra sposa Kan-Jo a visitare il talamo di morte per voi e poi andarsene nuovamente. Ma io non vi consiglio di essere presente. Potreste cadere in balia del Demonio".

"La fede in Allah mi difenderà dal Demonio, perciò resterò qui per vedere il volto diletto della mia sposa e udire da lei le saggezze che vengono dall'aldilà che, oggi, mi sono così necessarie".

"Il mondo della luce e delle tenebre non sono compatibili. Temo che voi non vedrete il volto di colei che bramate di vedere e non udirete le sue parole. Ma se vi piace, signore, rimanete pure ed io mi allontanerò".

Il monaco esce. Timur resta a lungo seduto in silenzio, fissando l'abito di Kan-Jo. I suoi occhi sono asciutti, ma gli duole il cuore, ed egli inumidisce il fazzoletto e lo appoggia sulla parte sinistra del petto. Quindi si sposta a sedere sul letto e sfiora l'abito di Kan-Jo. Tremulano le due candele sul tavolino. Improvvisamente la fiamma si riduce sino alle dimensioni di un pisello e subito dopo comincia ad aumentare. Ora due colonne di fuoco raggiungono quasi il soffitto.

"Kan-Jo non ti vedo – mormora Timur – ma sento il tuo profumo. Che cosa mi attende, Kan-Jo?"

Improvvisamente le fiamme si abbassano e le candele si spengono. Nella stanza semibuia, rischiarata unicamente da una finestra a forma di luna, attraverso la quale passa davvero la luce della luna, balena una strana figura.

Timur grida spaventato: "Iblis, sei tu, maledetto? Sento come sia svanito l'aroma del paradiso ed ora soffi la brezza dell'inferno".

"Sei un uomo intelligente, Timur, ed hai capito l'allusione. Questa volta il successo non ti arriderà".

Timur afferra la ciotola col vino e la lancia contro Iblis. Si ode il fracasso di un vetro rotto. Accorrono i cortigiani e trovano Timur lungo, disteso, privo di sensi.

Sogno di Timur, deserto e giardino, notte 1404. Timur sogna di essere seduto sui rami del grande albero. Sulla testa ha una tazza piena d'acqua. Un bel cavallo si avvicina alla pianta e nitrisce, quasi per richiamare la sua attenzione. Timur comincia a scendere dall'albero, cercando di non fare movimenti bruschi, perché non si rovesci la tazza che porta sul capo. Ma quando è a terra, il suo piede va a finire in una buca. Egli si raddrizza, la tazza cade al suolo e l'acqua si rovescia. Allora prende il cavallo per le briglie, ma ecco che fra gli alberi del giardino appare la figura di un uomo e Timur riconosce suo padre Taragaj. Taragaj si avvicina, prende dalle mani di Timur le briglie del cavallo e dice:
"Inoltriamoci nel giardino".
Quando sono nel folto, sussurra: "Aspettami qui …"
Dopo di che scompare con il cavallo.
"Padre, dove sei?" esclama angosciato Timur.
Gli fa eco una voce: "Non chiamarlo, è salito di nuovo in cielo".
Quando Timur riapre gli occhi, si ritrova disteso, coperto di impacchi. Sono chini su di lui alcuni parenti, alcuni cortigiani e medici. Il medico più anziano gli porge una pozione, ma Timur discosta il volto dal vasetto e dice con voce debole:
"Chiamatemi colui che interpreta i sogni".
Ora davanti a Timur ci sono alcuni interpreti di sogni.

"Grande emiro, ho ascoltato il tuo sogno con tristezza, col cuore e gli occhi piangenti".

"Grande emiro, che Allah benedica i tuoi disegni, moltiplichi chi ha rispetto per te, ma l'ultimo tuo progetto di conquistare la Cina è respinto dal cielo. Il padre tuo, l'onorevole Taragaj, pace eterna a lui, è venuto a te in sogno per ammonirti".

Timur s'infuria come una belva ferita.

"Io confidavo nella vostra saggezza, interpreti dei sogni, ma voi avete ingannato la mia speranza. Voi non siete saggi, ma poveri sciocchi, con una mente debole, incapace di fingere e priva di astuzia. Così come non mi servono guerrieri senza coraggio, non ho bisogno di saggi privi di perspicacia. Non vi credo, e mi affido totalmente alla volontà dell'Onnipotente".

Taskent, montagne, giorno 1405. Il vento ricopre di neve i cadaveri. Il sangue si trasforma rapidamente in ghiaccio rosso. Soffrono non solo le vittime, ma anche gli aguzzini. I soldati, malamente vestiti, sono sferzati dal vento gelido.

Timur, infagottato in panni caldi, passa in rassegna l'esercito, accompagnato dalle guardie del corpo. Si lamenta con Said:

"Comincio a vedere male. Controlla che ognuno, come sempre, porti almeno una testa. Questo è un paese freddo e il raccolto di teste non è così ricco come in Persia o in India, ma a chi non consegnerà almeno una testa verrà tagliata la sua".

Confine Cina, villaggio, giorno 1405. Gli abitanti di un villaggio distrutto, sono stati radunati nella piazza. Intorno si levano le fiamme degli incendi.

Sia i prigionieri che i guerrieri cercano di restare il più vicino possibile alle fiamme. Timur, avvolgendo la piazza col suo sguardo semispento, chiede a Said:
"Quanti sono, Said?"
"Molti, vostra altezza, ma sono donne e bambini".
"E gli uomini dove sono?"
"Gli uomini sono morti in battaglia, o sono scappati sui monti, per attaccare di là il nostro esercito".
Timur reagisce con collera:
"Ribelli! Non vogliono riconoscere la volontà di Dio. Legate le donne alle code dei cavalli, legate i bambini e le bambine come covoni prima della macinatura e lanciate delle pietre così che i cavalli partano al galoppo ... Chi urla?"
"Sono i ribelli fatti prigionieri che vengono gettati, legati, giù dalle montange".
"Queste grida mi hanno fatto venire il male di testa. Un tempo non mi doleva mai la testa per le grida dei nemici puniti".
"Vostra Altezza, di notte il vento diventa più forte. Dovete scendere da cavallo e proseguire su un carro".
"No, voglio restare a cavallo, so che il mio nemico principale sono questi ignobili Man-zy, questi selvaggi che non vogliono piegarsi a me, il conquistatore del mondo. Ma adesso devo combattere soprattutto l'inverno. L'inverno tortura me e i miei soldati, vuole fermarci, vuole dimostrare la sua forza, ma il mio cuore è saldo, io sconfiggerò anche l'inverno, sconfiggerò questo gelo, questo vento".
L'esercito di Timur si snoda in una lunga fila fra dirupi e gole innevate. I soldati avanzano curvi

contro lo sferzare del vento, i loro volti sono sbiancati dal gelo, barbe e baffi sono ghiacciati come i musi dei cavalli. Ogni tanto si sente un parlottio sommesso fra i guerrieri.

"Dove ci porta? È perfino difficile respirare, il vento si mischia con il nostro alito e gela la gola".

"A Timur non importa nulla delle nostre sofferenze. Ma forse l'inverno lo fermerà, forse rinuncerà a questa guerra, forse alla fine l'inverno si dimostrerà più feroce e crudele di lui".

"Oggi ci si caca veramente sotto dal freddo, e noi andiamo, andiamo ... Bisognerebbe fare una sosta e accendere i falò. Con una giornata così, mi pare che anche il sole sarebbe contento di avvicinarsi al fuoco".

All'improvviso, scorgendo delle costruzioni in lontananza Timur esclama:

"Che città è quella lì davanti?"

"Anzarà, vostra altezza – risponde Said - È deserta, tutti gli abitanti sono scappati sui monti".

"Miserabili Man-zy. Non difendono neppure le loro case, non si può neppure essere orgogliosi di averli vinti, ma io sono fiero della mia vittoria sul freddo e sul gelo. Oggi però sento dei brividi più violenti del solito. Voglio bere qualcosa di forte. Dov'è il medico?"

Il medico sprona il cavallo e si avvicina.

"Sono qui, Vostra Altezza".

"Voglio dello spirito con vino d'erbe".

"Una bevanda del genere è troppo forte per il corpo umano, Vostra Altezza. Potrei proporvi un balsamo da spargere sul corpo".

Timur s'incollerisce: "Quanto sei scemo! Vuoi lasciare la tua testa in una delle torri, fra le teste dei Man-zy?"

"Perdonate, Vostra Altezza".

"Prepara in fretta la bevanda!"

"Agli ordini, obbedisco!"

"Peccato che non ci si possa scaldare nel vapore di un bagno. Ma presto, al di là dei valichi, giungeremo in cima e là il clima sarà più mite, non farà questo freddo, forse il mio cuore si scioglierà e io risparmierò questi stupidi Man-zy, loro rinunceranno ai loro idoli e crederanno in un solo Dio. Io non sono mai stato in Cina, ma la mia sposa diletta Kan-Jo, pace alle sue spoglie, mi ha parlato molto di questo paese. Questo è un paese dove c'è di tutto e per tutti. Non a caso, ogni sovrano l'ha chiamato a modo suo, ed io ho già riflettuto su quale nome dare alla Cina, quando ne diventerò il sovrano".

Sopraggiunge il medico con una tazza.

"Vostra Altezza, bevete finché la bevanda è calda".

Timur prende la tazza e beve alcuni sorsi.

"Buona. Berrò tutto e guarirò. Guarirò dai mali che, lo sento, si annidano nella mia spina dorsale – beve ancora. Respira affannosamente – Ho come la sensazione che il mio corpo abbia preso fuoco dalla testa ai piedi".

Timur ondeggia e comincia a inclinare il capo verso la criniera del cavallo.

"Presto – grida allora il medico – levatelo dal cavallo, stendetelo su un carro e copritelo con delle coperte".

Qualche istante dopo riapre gli occhi. È disteso su un carro, avvolto nelle coperte.

"Chi mi ha levato da cavallo?"

Gli sembra di avere urlato con tutta la sua forza, mentre in realtà ha sussurrato con voce appena percepibile.

"Vostra Altezza, fra tre giorni il vostro corpo sarà libero da qualsiasi malanno", cerca di rincuorarlo il medico.

Ma Timur neppure ascolta. "Ho caldo".

"Dovete sudare dalla testa ai piedi, Vostra Altezza".

Timur si guarda intorno: "Said ..."

Una delle guardie del corpo si fa avanti: "Sta facendo il giro dei reparti".

"Perché siamo fermi? – chiede Timur nel delirio – Bisogna andare avanti, procedere verso la Cina attraverso i valichi".

"Non dovete preoccuparvi, Vostra Altezza. Dovete dormire".

Il medico copre il volto di Timur con un fazzoletto. Timur getta via il fazzoletto e ordina alle guardie del corpo:

"Portate via questo idiota. Sento che sono già guarito, se potessi fare un bagno caldo, nel mio corpo non resterebbe alcuna malattia, tornerei in salute come un tempo, anzi sarei più sano di prima. Da dove viene questa musica? Chi ha dato ordine di gioire e fare musica mentre io sono malato?"

"Non è fra noi che si fa musica e si gioisce, Vostra Altezza. Questa musica proviene dai villaggi, sui monti".

Dopo una breve pausa Timur osserva:

"Lo so perché fanno baldoria. Si è sparsa la voce della mia morte e si rallegrano a questa notizia.

Dunque bisognava sterminare tutti i nemici della fede. Se io finirò all'inferno, sarà solo perché la spada dell'Islam non è stata abbastanza acuminata e ha avuto pietà dei suoi nemici. Tuttavia, io li ho colpiti fin dove potevano le mie forze e forse l'Onnipotente mi perdonerà se non riuscirò ad annientarli tutti, poiché un mortale non può fare tutto."
Timur chiude gli occhi.
Il medico a bassa voce, allora annuncia: "Le forze lo abbandonano. Credo che non gli restino più di tre giorni di vita".

Confine Cina, villaggio, notte 1405. Il vento ricopre di neve le torri di ghiaccio formate dalle teste tagliate, cementate saldamente una all'altra dal sangue raggelato. Nella cantina di una casa distrutta, sono riuniti gli abitanti superstiti. Un anziano dice ai bambini:
"Sentite? Questo non è il vento che soffia, è il maledetto Timur che sbuffa come un cane, non riesce a tirare l'ultimo respiro. Era già crepato, lo avevano messo nella tomba, ma da quella tomba si levava un tale fetore che le forze celesti hanno ridato vita al maledetto e lo hanno gettato nel fuoco perché soffrisse quanto più possibile. A lungo ancora si udirà la voce dello sterminatore della razza uman ..."
Non lontano, quella stessa notte su una strada di montagna, Timur è disteso avvolto nelle coperte e ascolta una voce che gli legge il Corano.
"Allora Allah disse: Voglio mandare sulla terra un mio aiutante' e gli angeli risposero: 'Manderai sulla terra un essere che creerà disordine e farà

scorrere il sangue, mentre noi ti ricopriremo di lodi e senza posa continueremo ad esaltare e a cantare la tua Santità?' Allah rispose agli angeli: Io so ciò che voi non sapete ..."

Timur commenta con voce fioca: "Persino gli angeli non comprendono i disegni di Allah. E che dire allora degli uomini deboli? Quelli come me non vengono sulla terra a fare del bene. Questo è il destino dei servi. Ma neppure per fare del male. Quello è il destino dei briganti. Noi veniamo sulla terra per imporre la Volontà Superiore. Noi, dominatori, conquistatori, ci siamo misteriosamente sostituiti gli uni agli altri lungo tutto l'arco della storia umana. Noi non consentiamo agli uomini di rinchiudersi nello spazio angusto dei loro formicai. Io comprendo gli uomini, anch'io sono stato una formica debole e zoppa, che si poteva schiacciare senza neppure accorgersene, ma io mi sono levato al di sopra dell'esercito delle formiche, mentre loro sono rimasti là, nel mucchio. Ecco da dove viene il loro odio impotente nei miei confronti. Non c'entra nulla col fatto che io, adempiendo la volontà di Allah, ho punito i miscredenti e distrutto i rinnegati."

Nel villaggio sui monti la gente, fra pianti e grida disperate, cerca le teste dei propri cari nelle macabre piramidi. Non appena qualcuno trova la testa di un congiunto, la strappa a fatica dai grumi di neve insanguinata. Ognuno porta con sé la testa del padre, del fratello, del figlio o dello sposo, orrendamente deformata, trasformata in un blocco di ghiaccio. La stringe al petto e la bacia. Poi le teste vengono riposte in piccole tombe e viene data loro sepoltura.

Tra le gole delle montagne riecheggiano le grida che giungono, così amplificate, all'orecchio del sovrano morente:
"Impediamo al cane Timur di tornare al suo paese, impediamo che venga seppellito! Gettiamolo nell'abisso."
Timur si agita in preda al delirio. Ode la voce che gli legge il Corano, sullo sfondo del fischiare del vento.
"Terribile sarà l'ultimo giudizio, quando il sole si piegherà e cadranno le stelle, quando le montagne si metteranno in movimento, quando le femmine dei cammelli saranno decapitate, quando le bestie feroci si raduneranno a frotte, quando i mari ribolliranno, quando le anime si accoppieranno, quando domanderanno a una fanciulla sepolta viva per quale crimini è stata condannata a morire, quando si girerà il foglio del libro, quando i cieli si faranno da parte, quando le fiamme dell'inferno saranno rivoltate con l'attizzatoio perché brucino meglio, allora ogni anima conoscerà l'opera che ha compiuto ...".
Timur vede davanti a sé un grande incendio. Domanda:
"Che cos'è?"
Gli risponde una voce d'oltretomba: "è l'inferno, Timur. Vedi i due angeli? Sono Munkir e Nakir che pesano le azioni di ciascuno su gigantesche bilance. Vai, Timur, vai per questo ponte Sirat ..."
Timur avanza scivolando, trattenendo il respiro dal terrore di cadere giù nell'abisso. La voce, beffarda, lo deride:
"Non sforzarti, Timur. Attraverso questo ponte giungono in paradiso solo i giusti, i peccatori

cadono giù e finiscono all'inferno, che si estende in sette strati di profondità. Guarda com'è profondo! Guarda che baratro senza fine!"
La voce scoppia a ridere. Timur inveisce con voce rauca.
"Iblis, maledetto, ti ho riconosciuto!"
Timur cade dal ponte e precipita nell'abisso con un urlo terribile. Volando accanto a lui, mentre sta precipitando, Iblis gli dice:
"Te lo avevo detto che sarei rimasto sempre accanto a te! Ed ora rivela tutta la sua giustezza il proverbio che dice: Chi ha scavato il pozzo per il proprio fratello, precipiterà al suo interno. E ricorda che le pene dell'inferno sono le più raffinate. Tu hai torturato e bruciato non pochi esseri umani, ebbene, ora guarda, guarda quanto fuoco! Qui la tortura più leggera sono le scarpe infuocate, qui si devono anche inghiottire i frutti dell'albero dell'inferno ..."
Col volto deformato dalla sofferenza, Timur allontana la mano del medico che cerca di somministrargli una medicina. Grida e si lamenta.
Nel villaggio sui monti la gente ascolta, con gioia, gli echi di quelle grida. Qualcuno dice ai figli:
"È il maledetto Timur che grida dal dolore! Che bello sentirlo, che bello udire i suoi rantoli e gemiti".
Anche gli uomini di Timur odono le sue urla.
"Il nostro signore muore. Che ne sarà di noi? Senza di lui svanisce tutta la nostra forza ..."
Timur apre gli occhi. Vede il viso di Said e degli uomini del suo seguito. Sussurra:

"Ho superato anche un altro ostacolo sulla strada che porta alla vetta. Il male è scomparso, mi sento già meglio"

"Dovete prendere la medicina, Vostra Altezza", suggerisce il medico.

"Portatelo via. Non lo sopporto più. È un servo di Iblis, l'ho capito. Mi vuole avvelenare".

Il medico reagisce spaventato:

"Vostra Altezza! Perché Vostra Altezza? Io ho fatto tutto ciò che prescrive la medicina! ..."

"Tu medico morrai prima di me. Strozzatelo!"

Le guardie del corpo afferrano il medico, lo strozzano e lo gettano per terra. Said si asciuga le lacrime e osserva:

"Mi pare che il nostro signore stia meglio. Riconosco di nuovo il suo modo abituale di agire".

"Non voglio più prendere nessun medicamento. Tutte le medicine vengono dal Diavolo, l'ho capito. Datemi del vino cinese al gelsomino che depura il sangue e alleggerisce il cuore. E che il bibliotecario mi legga Omar Khaiam. I suoi versi guariranno la mia anima e con essa anche il mio corpo ..."

Nei villaggi sui monti la gente seppellisce, piangendo, solo le teste dei propri cari, poiché Timur ha fatto gettare i loro corpi nello strapiombo. Hanno fabbricato delle piccole casse di legno, in cui depongono le teste, quindi eseguono, tra cupi singhiozzi, il rito della sepoltura.

Timur intanto, con gli occhi semichiusi, ascolta il bibliotecario storpio che gli legge i versi di Khaiam.

"Io sono pronto ad accogliere la morte senza paura, ma dove si stia meglio, là o qua, è difficile saperlo! La vita che mi è stata data ha un termine, la darò indietro volentieri quando giungerà l'ora. Sfoglia alcune pagine, poi riprende a leggere: Il ruscello insanguinato del mio dolore abbatterebbe centinaia di torri, diecimila costruzioni spazzerebbe il corso delle mie lacrime, ma le ciglia sulle mie palpebre sono grondaie, se abbasso le ciglia dovrei fuggire al diluvio".

"Sento di stare sempre meglio – sussurra Timur – Il mio cuore si fa leggero e il male è del tutto scomparso. Leggi, bibliotecario, leggi".

Il bibliotecario sfoglia un'altra pagina.

"Il fuoco della mia passione è alto davanti a te: e così sia. Nelle mie mani un grappolo e il succo del fuoco, e così sia. Mi dite: Pentiti e sarai perdonato! E se non mi pento che ne sarà di me?"

"E così sia, e così sia! Mi sento sempre meglio. Spostate il telo del carro che voglio vedere il cielo".

Le guardie del corpo spostano il telone. Il cielo freddo e oscuro è velato dalla neve pungente, ma lo sguardo di Timur è puntato verso la sua abissale profondità.

"Vedo sette cieli e tutto ciò che c'è lassù fino al limite più estremo. Vedo come gira il firmamento, vedo le stelle, quelle mobili e immobili, vedo mio padre Taragaj e la madre mia, e vedo me stesso piccolo infante fra le braccia di mia madre. Allah misericordioso mi mostra tutto ciò e sento l'angelo … che legge il Corano …"

Gli pare allora realmente di percepire la voce dell'angelo.

"Quando si rivolterà il cielo? Quando si sottometteranno a Dio e si sforzeranno di seguire i suoi ordini, quando la terra sarà uno strato regolare, quando espellerà dalle viscere tutto ciò che contiene e non ha mai toccato, quando si piegherà al volere di Dio e cercherà di adempiere la sua volontà, allora tu, uomo che hai desiderato di vedere il Dio tuo, lo vedrai. Chi riceverà il libro delle sue imprese nella mano destra, verrà giudicato con mitezza. Costui, rallegrandosi, farà ritorno alla sua famiglia sulla terra, costui gioirà in seno alla sua famiglia".

Timur vede se stesso in compagnia di suo padre e sua madre, in compagnia delle donne che ha amato: Aldjan, la nipote di Kasgan, Ksenia, la concubina russa, la principessa cinese Kan-Jo.

La voce dell'angelo continua: "Egli immaginava che non si sarebbe mai trovato di fronte ad Allah. Ma Allah vedeva tutto!"

Ma Timur, ormai moribondo, sussurra con un filo di voce: "Allah vedeva tutto. Io non ho bisogno del perdono degli esseri umani, se mi ha perdonato l'Onnipotente ..."

Il suo respiro si fa affannoso.

"Sulle nostre tombe mussulmane sono raffigurate le palme aperte di mani umane. Ciò significa che ce ne andiamo lontano senza aver preso null'altro, che non sia il nostro nome. il mio nome è Timur. Ed io me ne vado nell'altro mondo, senza aver preso nulla".

Ora il suo respiro è diventato più frequente e pesante. Improvvisamente, leva le mani aperte e le tiene così per alcuni istanti, poi la mano ricade giù priva di forza, le labbra si serrano, gli occhi si spalancano, il petto cessa di sollevarsi febbrilmente, e solo una lacrima scende dall'occhio destro e scorre lungo la sua gota già morta. Le guardie del corpo e i dignitari si piegano su di lui.

Un dignitario, asciugandosi le lacrime, lo chiama:
"Grande emiro ..."
Said trattiene a stento le lacrime e annuncia:
"L'anima del grande emiro Timur ha lasciato il suo corpo e ha iniziato il viaggio eterno. Ma il suo nome resterà sempre fra noi e i nostri discendenti."
Dal villaggio si levano nel frattempo alte grida di gioia.
"È crepato! Il distruttore sanguinario e assassino è morto, gettiamo il suo corpo nell'abisso, impediamo che le sporche ossa offendano la terra".
Armata di scudi e spade, la folla si lancia giù per i pendii della montagna verso la strada, lungo la quale l'esercito di Timur si ritira lentamente verso le proprie terre, ormai privo del proprio condottiero. I soldati congelati e sfiniti, oppongono una debole resistenza ai loro nemici carichi di odio e di collera. Molti chiedono pietà, ma periscono sotto i colpi delle scuri e dei randelli della gente che è scampata a Timur. Questi uomini attaccano con una sorta di gioiosa violenza, che si trasforma in bestiale allegria allorché scorgono le spoglie di Timur trasportate sul carro che è al centro della colonna.
"Eccolo! Gettiamo il corpo del macellaio nell'abisso!"
Attorno a Timur ci sono i canuti veterani delle sue campagne, i volti duri, rigati di lacrime, rispondono con drammatica violenza difendendo, in silenzio, il corpo senza vita del loro condottiero. Menano fendenti a destra e a manca. Il capo degli insorti, gigantesco, ha quasi raggiunto il carro e agita una clava enorme, con cui intende spezzare

la testa del cadavere di Timur. Ma Said gli vibra un fendente sul collo e lo getta già dalla strada con un calcio. Il combattimento attorno alla salma di Timur si spegne. Tutto intorno, cadaveri, sangue. Molti si danno alla fuga arrampicandosi su per le rocce. Ora, dopo il frastuono, è sceso il silenzio. È il silenzio di una notte di luna. Nel cielo brillano le stelle. La loro luce getta un bronzeo riverbero sul viso immobile di Timur. I soldati marciano silenziosi trasportando sul carro la salma del loro signore verso la sua diletta Samarcanda, dove lo seppelliranno nel suo sepolcro. Il carro traballa e le scosse fanno cadere il libro di Omar Khaiam. Il vento comincia a sfogliare le sue pagine e, mentre da lontano giunge una musica, sullo sfondo del volto bronzeo del terribile conquistatore rischiarato dalla luce degli astri, si odono i versi del poeta:

"Noi siamo docili marionette nelle mani del Creatore. Questo non lo dico per amore delle belle parole! L'Altissimo ci muove sulla scena manovrando i suoi fili, e poi ci spinge di nuovo nel baule, quando lo spettacolo è finito!"

FINE